Racconti in Portoghese

Racconti in Portoghese per principianti e intermedi

Rodrigo Ribeiro

greenthumbpublishing@gmail.com

Contenuti

Introduzione

La lettura di una lingua straniera è uno dei modi più efficaci per migliorare le competenze linguistiche e ampliare il vocabolario. Tuttavia, a volte può essere difficile trovare materiali di lettura coinvolgenti e di livello adeguato, che diano una sensazione di realizzazione e di progresso. La maggior parte dei libri e degli articoli scritti per i madrelingua può essere troppo lunga e difficile da capire, oppure può avere un vocabolario di livello molto alto, per cui ci si sente sopraffatti e si rinuncia. Se questi problemi vi suonano familiari, allora questo libro fa per voi!

Racconti Brevi in Portoghese è una raccolta di 25 racconti non convenzionali e divertenti pensati per aiutare gli studenti di livello da principiante a intermedio di Portoghese a migliorare le loro competenze linguistiche.

Questi racconti creano un ambiente di lettura di supporto, includendo;

- Ricchi contenuti linguistici in diversi generi per intrattenere l'utente ed esporlo a una varietà di forme di parole.
- Storie brevi in capitoli per darvi la soddisfazione di finire le storie e progredire rapidamente.
- Testi scritti al vostro livello in modo da essere più facilmente comprensibili e non opprimenti.
- Traduzione italiana a pagine alterne per potervi fare riferimento direttamente riga per riga durante la lettura della storia Portoghese.
- I vocaboli chiave sono stampati in grassetto lungo tutta la storia e la traduzione per aiutare a capire

meglio le parole non familiari.
- Domande di comprensione per testare la comprensione degli eventi chiave e per incoraggiare la lettura più approfondita.

Se volete ampliare il vostro vocabolario, migliorare la vostra comprensione o semplicemente leggere per divertimento, questo libro è il più grande passo avanti che farete nei vostri studi quest'anno. I Racconti Brevi in Portoghese vi daranno tutto il supporto di cui avete bisogno, quindi sedetevi, rilassatevi e lasciate correre la vostra immaginazione mentre venite trasportati in un magico mondo di avventura, mistero e intrighi - in Portoghese!

Come utilizzare questo libro

La lettura è un talento difficile da padroneggiare. Nella nostra lingua madre usiamo una serie di micro-abilità per aiutarci a leggere. Ad esempio, possiamo sfogliare un brano per avere una comprensione approssimativa del contenuto. Oppure potremmo sfogliare numerose pagine di un orario ferroviario alla ricerca di un orario o di un luogo specifico. Mentre queste micro-abilità sono una seconda natura quando leggiamo nella nostra lingua madre, la ricerca rivela che spesso dimentichiamo la maggior parte di esse quando leggiamo in una lingua straniera. Quando si impara una lingua straniera, di solito si parte dall'inizio di un testo e lo si sfoglia, cercando di capire ogni singola parola. Inevitabilmente, ci imbattiamo in termini sconosciuti o complessi e ci infastidisce l'incapacità di comprenderli.

Uno dei maggiori vantaggi della lettura di una lingua straniera è quello di essere esposti a un gran numero di frasi ed espressioni che vengono utilizzate nelle situazioni quotidiane. La lettura intensiva è un termine usato per descrivere la lettura per piacere al fine di imparare una lingua. Non è come la lettura di un libro di testo, quando le conversazioni o i testi sono concepiti per essere letti lentamente e con attenzione con l'obiettivo di comprendere ogni parola. La "lettura intensiva" si riferisce alla lettura effettuata per raggiungere obiettivi di apprendimento specifici o per completare compiti. In altre parole, la lettura approfondita dei libri di testo di solito favorisce l'apprendimento di regole grammaticali e di un vocabolario particolare, mentre la lettura intensiva di storie favorisce l'apprendimento del linguaggio

naturale.

I Racconti Brevi in Portoghese vi offriranno l'opportunità di conoscere meglio la lingua naturale Portoghese in uso, anche se forse avete iniziato il vostro percorso di apprendimento delle lingue esclusivamente con i libri di testo. Ecco alcuni suggerimenti da tenere a mente mentre leggete le storie di questo libro per trarne il massimo beneficio: Quando si tratta di leggere, il divertimento e il senso di realizzazione sono fondamentali. Si continua a tornare perché ci si diverte a leggere. Leggere ogni storia dall'inizio alla fine è il metodo migliore per godersi le storie e sentirsi realizzati. Di conseguenza, la cosa più importante è arrivare alla fine di una storia. È più importante che conoscere ogni singola parola.

Più si legge, più si acquisisce conoscenza. Se si leggono libri più grandi per piacere, si acquisisce rapidamente una conoscenza di come funziona la Portoghese. Tuttavia, tenete presente che per ottenere tutti i benefici della lettura estensiva, dovete prima leggere un volume sufficientemente consistente. Leggere qualche pagina qua e là può insegnare qualche parola nuova, ma non farà una differenza significativa nel livello generale di Portoghese.

Accettate il fatto che non riuscirete a comprendere tutto ciò che leggete in un romanzo. Questo è, senza dubbio, il punto più cruciale! Ricordate sempre che non capire tutte le parole o le frasi è assolutamente accettabile. Non significa che le vostre competenze linguistiche siano inadeguate o che il vostro rendimento sia scarso. Indica che state partecipando attivamente al processo di apprendimento.

Guida alla lettura

Per trarre il massimo beneficio dalla lettura di Racconti Brevi in Portoghese, è meglio seguire questo semplice processo di lettura in sei fasi per ogni capitolo dei racconti:

1. Leggete il titolo del capitolo. Pensate al tema della storia. Poi leggete la storia fino in fondo. Il vostro obiettivo è semplicemente quello di arrivare alla fine della storia. Pertanto, non fermatevi a cercare le parole e non preoccupatevi se ci sono cose che non capite. Cercate semplicemente di seguire la trama.

2. Quando arrivate alla fine della storia, scrutate la traduzione italiana per vedere se avete capito cosa è successo e per cogliere il contesto che vi è sfuggito.

3. Tornate indietro e rileggete la stessa storia. Se volete, potete concentrarvi di più sui dettagli della storia rispetto a prima, ma altrimenti leggete semplicemente un'altra volta.

4. Successivamente, leggete le domande di comprensione in Portoghese per verificare la vostra comprensione degli eventi chiave della storia. Se non capite completamente le domande, non preoccupatevi. Utilizzate le vostre conoscenze per rispondere al meglio.

5. A questo punto dovreste aver compreso gli eventi principali del capitolo. In caso contrario, potreste rileggere il capitolo alcune volte utilizzando la traduzione per controllare le parole e le frasi sconosciute fino a quando non vi sentirete sicuri.

Una volta che siete pronti e sicuri di aver capito cosa è successo - che sia dopo una o più letture della storia - passate alla storia successiva e continuate a godervi la storia al vostro ritmo, proprio come fareste con qualsiasi altro libro.

Solo una volta completata una storia nella sua interezza, si può pensare di tornare indietro e studiare il linguaggio della storia in modo più approfondito, se lo si desidera. Oppure, invece di preoccuparvi di capire tutto, prendetevi del tempo per concentrarvi su ciò che avete capito e congratularvi con voi stessi per quanto avete fatto.

Racconti in Portoghese

Vinho do Porto

A primeira vez que provei vinho do Porto foi numa viagem a Portugal com a minha família. Estávamos hospedados numa pequena cidade chamada Porto e, claro, tivemos de provar a especialidade local. O vinho era doce e pesado, muito **diferente** dos tintos secos que normalmente bebíamos. Adorei-o imediatamente. Durante os dias seguintes, explorámos o Porto e provámos muitos mais tipos de vinho do Porto. Há tantos estilos diferentes - tawny, ruby, vintage - e cada um deles é delicioso à sua maneira. Visitámos até algumas das **adegas** onde o vinho do Porto é feito. Foi fascinante ver como este tipo especial de vinho é produzido utilizando uvas que são cultivadas de uma determinada forma e depois envelhecidas durante anos em **barris de** carvalho antes de serem engarrafadas. Hoje em dia, sempre que bebo vinho do Porto penso com carinho naquela maravilhosa viagem a Portugal todos aqueles anos atrás. É uma bebida tão **única** e saborosa; nada mais se compara a ela!

Hoje em dia, sou um pouco conhecedor de vinhos do Porto. Sempre que entretenho convidados em casa, gosto de lhes servir uma selecção de diferentes portos para que possam experimentar algo novo. É sempre divertido ver a cara deles quando tomam aquele

Vino di Porto

La prima volta che ho assaggiato il vino di Porto è stato durante un viaggio in Portogallo con la mia famiglia. Alloggiavamo in una piccola città chiamata Porto e, ovviamente, dovevamo provare la specialità locale. Il vino era dolce e pesante, molto **diverso** dai rossi secchi che bevevamo di solito. Mi piacque subito. Nei giorni successivi abbiamo esplorato Porto e assaggiato molti altri tipi di vino di Porto. Ci sono così tanti stili diversi - fulvo, rubino, d'annata - e ognuno è delizioso a modo suo. Abbiamo anche visitato alcune delle **cantine** dove si produce il vino di Porto. È stato affascinante vedere come questo speciale tipo di vino viene prodotto utilizzando uve coltivate in modo particolare e poi invecchiate per anni in **botti di** rovere prima di essere imbottigliate. Oggi, ogni volta che bevo il vino porto, penso sempre con affetto a quel meraviglioso viaggio in Portogallo di tanti anni fa. È una bevanda così **unica** e saporita che non ha nulla da invidiare a nessun'altra!

Al giorno d'oggi sono un po' un conoscitore del vino porto. Ogni volta che intrattengo ospiti a casa, mi piace servire loro una selezione di porti diversi, in modo che possano provare qualcosa di nuovo. È sempre divertente vedere la loro espressione quando bevono il primo sorso! Devo dire che il mio tipo di porto **preferito**

primeiro gole! Devo dizer que o meu tipo de porto **preferido** é o vintage. Há apenas algo no seu **sabor** rico e cor profunda que realmente me atrai. Claro, é também o tipo de porto mais caro - mas vale cada cêntimo, na minha opinião. Se ainda não provou vinho do Porto, então peço-lhe que procure uma garrafa e a experimente. Talvez se veja **apaixonado** por esta deliciosa bebida, como eu fiz todos aqueles anos atrás. Foi ideia do meu marido fundar um clube do vinho do Porto. No início, não tinha a certeza - afinal de contas, sabia muito pouco sobre este tipo de vinho. Mas ele estava tão entusiasmado com ele e fez tanta **pesquisa** que acabei por concordar em prová-lo. O clube já vai há quase dois anos e já experimentámos alguns portos incríveis durante esse tempo. Tivemos portos tawny de diferentes regiões de Portugal, portos vintage com **décadas de** idade, até alguns portos experimentais 'new wave' feitos com métodos alternativos. Tem sido uma verdadeira educação! O meu marido é agora o verdadeiro **perito** na nossa casa quando se trata de vinho do Porto - mas isso não me impede de o apreciar tanto como ele o faz.

è quello d'annata. Il suo **sapore** ricco e il suo colore intenso mi attirano molto. Naturalmente, è anche il tipo di porto più costoso, ma secondo me vale ogni centesimo. Se non avete mai provato il vino di Porto, vi invito a cercarne una bottiglia e a provarlo. Potreste **innamorarvi** di questa deliziosa bevanda, come è successo a me tanti anni fa. È stata un'idea di mio marito quella di creare un club del vino porto. All'inizio non ero convinta, dopo tutto sapevo ben poco di questo tipo di vino. Ma lui ne era così entusiasta e aveva fatto così tante **ricerche** che alla fine ho accettato di provarci. Il club è attivo da quasi due anni e in questo periodo abbiamo assaggiato dei porti straordinari. Abbiamo assaggiato porti tawny provenienti da diverse regioni del Portogallo, porti d'annata vecchi di **decenni** e persino alcuni porti sperimentali "new wave" prodotti con metodi alternativi. È stata una vera e propria educazione! Mio marito è il vero **esperto** in casa nostra quando si tratta di vino di Porto, ma questo non mi impedisce di apprezzarlo tanto quanto lui.

Perguntas de compreensão

1. Qual é o nome da cidade em Portugal onde o autor teve a sua primeira prova de vinho do Porto?

2. Quais são os diferentes tipos de vinho do Porto?

3. Como é feito o vinho do Porto?

4. Qual é o tipo de vinho do Porto preferido do autor?

5. Há quanto tempo é que o clube do vinho do Porto do autor está a funcionar?

6. Qual é a diferença entre vinho do Porto tawny e vinho do Porto vintage?

7. O que diz o autor sobre o vinho do Porto em geral?

8. Como foi a primeira experiência do autor com vinho do Porto?

9. Qual é a opinião do marido do autor sobre o vinho do Porto?

10. Porque é que o vinho do Porto é a bebida perfeita para partilhar com alguém que se ama?

Domande di comprensione

1. Come si chiama la città del Portogallo dove l'autore ha assaggiato per la prima volta il vino di Porto?

2. Quali sono i diversi tipi di vino di Porto?

3. Come si produce il vino porto?

4. Qual è il tipo di vino di Porto preferito dall'autore?

5. Da quanto tempo esiste il club del vino porto dell'autore?

6. Qual è la differenza tra il vino di Porto fulvo e quello d'annata?

7. Cosa dice l'autore del vino di Porto in generale?

8. Come è stata la prima esperienza dell'autore con il vino di Porto?

9. Qual è l'opinione del marito dell'autrice sul vino porto?

10. Perché il vino di Porto è la bevanda perfetta da condividere con chi si ama?

O Algarve

O Algarve é um lugar **bonito.** O sol brilha intensamente e as ondas batem contra as rochas. É um lugar perfeito para relaxar e apreciar a paisagem. No entanto, há algo de estranho neste lugar. Tem havido relatos de **pessoas a** desaparecer na zona. Ninguém sabe o que lhes aconteceu, mas nunca mais são vistas de novo. Um dia, um grupo de amigos decide ir dar uma **volta** pelo Algarve. Estão entusiasmados por explorar este novo lugar e ver tudo o que ele tem para oferecer. No entanto, ao iniciarem a sua viagem, apercebem-se rapidamente de que algo não está bem. Não conseguem abalar a **sensação** de que alguém os está a observar das sombras. À medida que o grupo continua a sua caminhada, eles começam a ouvir ruídos estranhos. Parece que alguém os está a seguir.

Eles aceleram o seu ritmo, mas o barulho só fica mais alto. De repente, vêem uma figura emergir das árvores. É um homem com toda a **roupa** preta. Ele tem uma expressão em branco no rosto e não diz nada quando começa a caminhar na sua direcção. O grupo tenta fugir, mas é tarde demais. O homem apanha-os e agarra cada um deles um a um. Eles **gritam** por ajuda, mas ninguém vem em seu socorro. Eles

L'Algarve

L'Algarve è un luogo **bellissimo**. Il sole splende luminoso e le onde si infrangono contro le rocce. È un luogo perfetto per rilassarsi e godersi il paesaggio. Tuttavia, c'è qualcosa di strano in questo luogo. Ci sono state segnalazioni di **persone** scomparse nella zona. Nessuno sa cosa sia successo loro, ma non sono mai state viste di nuovo. Un giorno, un gruppo di amici decide di fare un'**escursione** in Algarve. Sono entusiasti di esplorare questo nuovo luogo e di vedere tutto ciò che ha da offrire. Tuttavia, quando iniziano il loro viaggio, si rendono subito conto che qualcosa non va. Non riescono a liberarsi dalla **sensazione** che qualcuno li stia osservando dall'ombra. Mentre il gruppo continua la sua escursione, inizia a sentire strani rumori. Sembra che qualcuno li stia seguendo.

Accelerano il passo, ma il rumore non fa che aumentare. All'improvviso, vedono una figura emergere dagli alberi. È un uomo vestito completamente **di** nero. Ha un'espressione vuota sul volto e non dice nulla mentre inizia a camminare verso di loro. Il gruppo cerca di scappare, ma è troppo tardi. L'uomo li raggiunge e li afferra uno per uno. **Gridano** per chiedere aiuto, ma nessuno li soccorre. Non vengono più visti. La

nunca mais são vistos. A polícia fica perplexa com os desaparecimentos. Não têm pistas e nenhuma ideia do que poderia ter acontecido às pessoas **desaparecidas.** A única coisa que sabem é que todos eles desapareceram no Algarve. À medida que mais e mais pessoas desaparecem, a polícia começa a suspeitar que algo de sobrenatural está a funcionar. Eles trazem uma equipa de **investigadores** paranormais para tentar resolver o caso. No entanto, até eles estão perplexos. Parece que o que quer que seja responsável por estes desaparecimentos não quer ser encontrado. Uma noite, um dos investigadores tem um sonho estranho. Nele, ele vê um grupo de pessoas a ser raptadas por um homem vestido de preto. Ele acorda coberto de suor, sem saber o que isto significa. Poderá ser que o seu **subconsciente** esteja a tentar dizer-lhe alguma coisa? Ele decide partilhar o seu sonho com os outros investigadores e todos eles concordam que vale a pena investigar. Começam a vasculhar registos antigos e acabam por descobrir que tem havido casos semelhantes ao longo da história em que grupos de pessoas desapareceram misteriosamente sem deixar rasto.

polizia è sconcertata dalle sparizioni. Non hanno indizi né idea di cosa possa essere successo alle persone **scomparse**. L'unica cosa che sanno è che sono tutti scomparsi in Algarve. Poiché sempre più persone scompaiono, la polizia inizia a sospettare che ci sia qualcosa di soprannaturale. Per cercare di risolvere il caso, coinvolge una squadra di **investigatori** del paranormale. Tuttavia, anche loro sono perplessi. Sembra che qualsiasi cosa sia responsabile di queste sparizioni non voglia essere trovata. Una notte, uno degli investigatori fa uno strano sogno. Vede un gruppo di persone rapite da un uomo vestito di nero. Si sveglia coperto di sudore senza sapere cosa significhi. È possibile che il suo **subconscio stia** cercando di dirgli qualcosa? Decide di condividere il suo sogno con gli altri investigatori e tutti concordano che vale la pena indagare. Cominciano a setacciare vecchi archivi e alla fine scoprono che nel corso della storia ci sono stati casi simili in cui gruppi di persone sono misteriosamente scomparsi senza lasciare traccia.

Perguntas de compreensão

1.O que é o Algarve?

2. Quais são as condições do Algarve?

3. O que aconteceu à população do Algarve?

4. Quem decide ir para o Algarve?

5. O que notam quando iniciam a sua viagem?

6. O que é que eles vêeem aproximar-se deles?

7. O que acontece às pessoas que são raptadas pelo homem de preto?

8. Como é que os investigadores descobrem o que está a acontecer?

9. Qual é o seu plano para impedir os raptos?

10. O que é o aviso às pessoas no Algarve?

Domande di comprensione

1. Che cos'è l'Algarve?

2. Quali sono le condizioni dell'Algarve?

3. Cosa è successo alle persone in Algarve?

4. Chi decide di andare in Algarve?

5. Cosa notano quando iniziano il viaggio?

6. Cosa vedono venire verso di loro?

7. Cosa succede alle persone che vengono rapite dall'uomo in nero?

8. Come fanno gli investigatori a scoprire cosa sta succedendo?

9. Qual è il loro piano per fermare i rapimenti?

10. Qual è l'avvertimento alla gente sull'Algarve?

Navegação

As ondas batem contra a costa, enviando um spray de água para o ar. O sol brilha e o céu é azul. É um dia perfeito para **o surf**. Remo até onde as ondas estão a quebrar e espero por uma boa. Vejo uma a chegar e começo a remar com força. Apanho-a no momento em que começa a partir-se e levanto-me na minha prancha. A onda leva-me até à costa, onde a levo até **se dissipar** na areia. Volto a sair para onde estava a surfar e remo de novo. Desta vez, apanho uma **onda** cedo e levo-a até à costa.

Quando estou a cavalgar, vejo alguém a observar-me da praia. É uma rapariga, e ela está a sorrir. Quando chego à costa, ela vem ter comigo e apresenta-se. O seu nome é Sarah, e ela diz que me **observa a** surfar há algum tempo. Falamos um pouco e depois seguimos os nossos caminhos separados. Alguns dias mais tarde, Sarah vem ter comigo à praia novamente enquanto eu surfo. Ela pergunta se eu quero ir dar um mergulho com ela no oceano. Eu digo com certeza, por isso **remamos** juntos para além das ondas **que quebram** em terra. Depois de nadarmos durante algum tempo, começamos a falar da vida e do que queremos dela. Falamos até ao pôr-do-sol, quando finalmente regressamos à costa. Enquanto caminhamos de volta,

Surf

Le onde si infrangono sulla riva, mandando in aria uno spruzzo d'acqua. Il sole splende e il cielo è azzurro. È una giornata perfetta per il **surf**. Remo verso il punto in cui si infrangono le onde e aspetto che ne arrivi una buona. Ne vedo arrivare una e inizio a pagaiare con forza. La prendo appena inizia a rompersi e mi alzo in piedi sulla tavola. L'onda mi porta fino a riva, dove la cavalco finché non **si disperde** sulla sabbia. Torno al punto in cui stavo facendo surf e riprendo a pagaiare. Questa volta prendo un'**onda** in anticipo e la cavalco fino a riva.

Mentre pedalo, vedo qualcuno che mi osserva dalla spiaggia. È una ragazza e sorride. Quando arrivo a riva, si avvicina e si presenta. Si chiama Sarah e dice che è da un po' che mi **osserva mentre** faccio surf. Parliamo un po' e poi andiamo per la nostra strada. Qualche giorno dopo, Sarah si avvicina di nuovo a me sulla spiaggia mentre faccio surf. Mi chiede se voglio fare una nuotata con lei nell'oceano. Le rispondo di sì, e così usciamo insieme a **nuotare** al di là delle onde **che si infrangono** sulla costa. Dopo aver nuotato per un po', iniziamo a parlare della vita e di ciò che vogliamo dalla vita. Parliamo fino al tramonto, quando finalmente torniamo a riva. Mentre torniamo indietro, Sarah mi

Sarah pega na minha mão. Parece **natural**, como algo que estava destinado a acontecer.

Continuamos a ver-nos todos os dias depois disso , em **aventuras** tanto grandes como pequenas. Agora, anos mais tarde , continuamos juntos. Construímos uma vida própria e não podíamos estar mais felizes. Enquanto nos sentamos na praia a ver **os** nossos **filhos** brincar, reflectimos sobre como tudo começou com uma simples onda. E sabemos que, enquanto estivermos juntos, nada nos poderá separar. Mas isso não é o fim da nossa **história**. Porque teremos sempre o oceano. E enquanto houver ondas para surfar, a nossa aventura nunca **terminará** verdadeiramente.

prende la mano. È una sensazione **naturale**, come se fosse qualcosa che doveva accadere.

Da allora abbiamo continuato a vederci ogni giorno, vivendo **avventure** grandi e piccole. Ora, a distanza di anni, siamo ancora insieme. Abbiamo costruito una vita nostra e non potremmo essere più felici. Mentre siamo seduti sulla spiaggia a guardare i nostri **figli** giocare, riflettiamo su come tutto sia iniziato con una semplice onda. E sappiamo che, finché saremo insieme, nulla potrà mai dividerci. Ma questa non è la fine della nostra **storia**. Perché avremo sempre l'oceano. E finché ci saranno onde da surfare, la nostra avventura non **finirà** mai.

Perguntas de compreensão

1. O que é que o protagonista vê quando está a surfar?

2. Como é que o protagonista se sente quando está a surfar?

3. Quem é o protagonista que se encontra na praia?

4. O que é que a protagonista e Sarah fazem quando se encontram?

5. O que é que Sarah pede à protagonista para fazer com ela?

6. O que diz o protagonista em resposta?

7. Em que pensa o protagonista enquanto nada?

8. Em que pensa o protagonista ao pôr-do-sol?

9. O que faz o protagonista todos os dias após o encontro com Sarah?

10. Em que pensa o protagonista no final da história?

Domande di comprensione

1. Cosa vede il protagonista mentre fa surf?

2. Come si sente il protagonista quando fa surf?

3. Chi incontra il protagonista sulla spiaggia?

4. Cosa fanno il protagonista e Sarah quando si incontrano?

5. Cosa chiede Sarah al protagonista di fare con lei?

6. Cosa dice il protagonista in risposta?

7. A cosa pensa il protagonista mentre nuota?

8. A cosa pensa il protagonista al tramonto?

9. Che cosa fa il protagonista ogni giorno dopo aver conosciuto Sarah?

10. A cosa pensa il protagonista alla fine della storia?

Vasco da Gama

Vasco da Gama nasceu em 1460 em Portugal. Foi um famoso explorador e navegador. Em 1497, conduziu a primeira frota portuguesa à Índia. A viagem levou-o à volta do Cabo da Boa Esperança, no extremo **sul** de África. Foi uma viagem perigosa, mas ele conseguiu chegar em segurança à Índia. Na Índia, Vasco da Gama trocou com a população local por especiarias e outros bens. Também se encontrou com o governante de um dos **reinos** indianos. O governante deu-lhe **permissão** para construir um posto de comércio no seu reino. Este foi um passo importante para Portugal porque lhes permitiu negociar directamente com a Índia sem passar por intermediários árabes que vinham cobrando preços **elevados** pelas especiarias. A **viagem de** Vasco da Gama foi um sucesso.

Regressou a Portugal em 1499 com um navio cheio de especiarias e outras mercadorias. Isto fez dele um herói na sua pátria. Foi-lhe também atribuída uma posição **importante** no governo português. Em 1502, Vasco da Gama partiu para outra viagem à Índia. Desta vez, levou consigo uma frota maior e mais soldados. Ele queria **estabelecer** Portugal como uma força **poderosa** na Índia. No entanto, a viagem não foi tão bem sucedida como a sua primeira. Houve muitas batalhas

Vasco da Gama

Vasco da Gama nacque nel 1460 in Portogallo. Fu un famoso esploratore e navigatore. Nel 1497 guidò la prima flotta portoghese verso l'India. Il viaggio lo portò ad aggirare il Capo di Buona Speranza, sulla punta **meridionale** dell'Africa. Fu un viaggio pericoloso, ma riuscì ad arrivare in India sano e salvo. In India, Vasco da Gama commerciò con le popolazioni locali per ottenere spezie e altri beni. Incontrò anche il sovrano di uno dei **regni** indiani. Il sovrano gli diede **il permesso** di costruire una stazione commerciale nel suo regno. Questo fu un passo importante per il Portogallo, perché gli permise di commerciare direttamente con l'India senza passare attraverso gli intermediari arabi che praticavano prezzi **elevati** per le spezie. Il **viaggio** di Vasco da Gama fu un successo.

Tornò in Portogallo nel 1499 con una nave piena di spezie e altri beni. Questo lo rese un eroe in patria. Gli fu anche assegnata una posizione **importante** nel governo portoghese. Nel 1502, Vasco da Gama intraprese un altro viaggio verso l'India. Questa volta portò con sé una flotta più grande e più soldati. Voleva **affermare il** Portogallo come una **forza potente** in India. Tuttavia, il viaggio non ebbe successo come il primo. Ci furono molte battaglie e molti **spargimenti**

e muito **derramamento de sangue**. No final, Vasco da Gama desistiu e regressou a Portugal sem cumprir o seu objectivo. Apesar deste contratempo, Vasco da Gama continuou a ser uma figura importante na história portuguesa. Ele continuou a navegar e a explorar novas terras para o seu país.

Em 1524, embarcou no que seria a sua viagem **final.** Mais uma vez, navegou à volta do Cabo da Boa Esperança, mas desta vez rumou para oeste, em direcção ao Brasil. No entanto, **a doença** obrigou-o a voltar para trás antes de poder chegar ao seu destino. Morreu pouco depois de regressar a casa. Vasco da Gama foi um dos exploradores mais **importantes** do seu tempo. Abriu novas rotas comerciais e **estabeleceu** Portugal como uma grande potência no Oriente. As suas **viagens** mudaram o mundo para sempre.

di sangue. Alla fine, Vasco da Gama si arrese e tornò in Portogallo senza aver raggiunto il suo obiettivo. Nonostante questa battuta d'arresto, Vasco da Gama rimase una figura importante nella storia portoghese. Continuò a navigare e a esplorare nuove terre per il suo Paese.

Nel 1524 intraprese quello che sarebbe stato il suo **ultimo** viaggio. Ancora una volta, navigò intorno al Capo di Buona Speranza, ma questa volta si diresse verso ovest, in direzione del Brasile. Tuttavia, una **malattia** lo costrinse a tornare indietro prima di raggiungere la sua destinazione. Morì poco dopo il ritorno in patria. Vasco da Gama fu uno dei più **importanti** esploratori del suo tempo. Aprì nuove rotte commerciali e **fece del** Portogallo una grande potenza in Oriente. I suoi **viaggi** cambiarono il mondo per sempre.

Perguntas de compreensão

1. Onde nasceu Vasco da Gama?

2. O que fez Vasco da Gama quando chegou à Índia pela primeira vez?

3. Porque é que a segunda viagem de Vasco da Gama à Índia não foi tão bem sucedida?

4. Como é que a viagem final de Vasco da Gama se diferenciou das suas duas primeiras?

5. O que aconteceu a Vasco da Gama depois de ter regressado da sua viagem final?

6. Qual foi o impacto global de Vasco da Gama no mundo?

7. Com que país Vasco da Gama estabeleceu rotas comerciais?

8. Qual foi o principal item que Vasco da Gama trocou?

9. Quem é que Vasco da Gama teve de passar para poder negociar com a Índia?

10. Como é que a primeira viagem de Vasco da Gama à Índia afectou Portugal?

Domande di comprensione

1. Dove è nato Vasco da Gama?

2. Cosa fece Vasco da Gama quando arrivò in India?

3. Perché il secondo viaggio di Vasco da Gama in India non ebbe lo stesso successo?

4. In cosa differisce l'ultimo viaggio di Vasco da Gama dai primi due?

5. Cosa accadde a Vasco da Gama dopo il ritorno dal suo ultimo viaggio?

6. Qual è stato l'impatto complessivo di Vasco da Gama sul mondo?

7. Con quale Paese Vasco da Gama stabilì delle rotte commerciali?

8. Qual era il principale oggetto di scambio di Vasco da Gama?

9. Da chi dovette passare Vasco da Gama per commerciare con l'India?

10. Che effetto ebbe sul Portogallo il primo viaggio di Vasco da Gama in India?

Cortiça

O Corkman era um homem **simples**, contente por viver os seus dias na pequena aldeia onde nasceu. Ele ganhava a vida o melhor que podia, fazendo biscates para os aldeões quando eles precisavam dele. Não era muito, mas era **o suficiente** para o manter vivo. Um dia, porém, a vida do Corkman mudou para sempre. Um estranho veio à cidade, oferecendo uma grande soma de **dinheiro** a qualquer pessoa que lhe pudesse trazer uma cortiça de uma certa árvore. O Corkman não sabia o que era esta árvore nem onde encontrá-la, mas sabia que se conseguisse deitar **as mãos** a uma dessas rolhas, então estaria pronto para a vida. Ele partiu para a **floresta**, à procura desta árvore misteriosa.

Procurava alto e baixo, mas por mais tempo que procurasse, não conseguia encontrá-lo **em lado nenhum.** Quando estava prestes a perder a esperança, viu algo a brilhar à distância - poderia ser? Sim! Era a cortiça da árvore! O Corkman apressou-se e arrancou-a do seu poleiro antes de regressar à cidade com o seu prémio na mão. Quando a cortiça foi apresentada pelo **estranho** (que se revelou um milionário excêntrico), o pagamento foi prontamente feito e o nosso herói continuou o seu caminho alegre - mais rico do que

Sughero

L'Uomo di Sughero era un uomo **semplice**, contento di vivere i suoi giorni nel piccolo villaggio in cui era nato. Si guadagnava da vivere come meglio poteva, facendo lavori saltuari per gli abitanti del villaggio quando ne avevano bisogno. Non era molto, ma era **sufficiente** per andare avanti. Un giorno, però, la vita di Corkman cambiò per sempre. Uno sconosciuto arrivò in città, offrendo una grossa somma di **denaro** a chiunque gli portasse un tappo di sughero da un certo albero. L'Uomo di Sughero non sapeva cosa fosse questo albero o dove trovarlo, ma sapeva che se fosse riuscito a mettere le **mani** su uno di quei tappi, sarebbe stato sistemato per tutta la vita. Si incamminò nella **foresta alla** ricerca di questo albero misterioso.

Cercò in lungo e in largo, ma per quanto cercasse, non riuscì a trovarlo **da nessuna parte**. Proprio quando stava per perdere le speranze, scorse qualcosa che luccicava in lontananza: poteva essere? Sì! Era il tappo dell'albero! L'uomo dei tappi si affrettò a **strapparlo** dal suo trespolo prima di tornare in città con il suo premio in mano. Quando lo **sconosciuto gli** presentò il tappo (che si rivelò essere un eccentrico milionario), il pagamento fu prontamente effettuato e il nostro eroe riprese la sua strada, più ricco che mai grazie a

nunca graças àquele dia fatídico em busca de uma cortiça. A vida do Corkman mudou **da noite para o dia**. Ele já não era um homem simples, contente por viver os seus dias na pequena aldeia - ele era agora um homem rico, com mais dinheiro do que sabia o que fazer com ele. Rapidamente se tornou o assunto da **cidade**, e todos queriam ser seus amigos.

O Corkman apreciou a sua nova **riqueza** durante algum tempo, mas eventualmente tudo começou a sentir-se um pouco vazio. Sentiu falta da simplicidade da sua antiga vida e ansiava por algo mais **significativo**. Um dia, tomou uma decisão - ele daria todo o seu dinheiro e voltaria a viver tão simplesmente como antes. Os seus amigos e família pensavam que ele era **louco**, mas não compreendiam o que era ter tudo o que se podia desejar... e ainda assim sentiam que **faltava** algo. Então o Corkman entregou a sua fortuna e voltou a viver na pequena aldeia onde tudo começou. E sabe que mais? Ele descobriu que estava mais feliz do que nunca.

quel fatidico giorno alla ricerca di un tappo. La vita di Corkman cambiò **da un giorno all'altro**. Non era più un uomo semplice che si accontentava di vivere i suoi giorni nel piccolo villaggio: ora era un uomo ricco, con più soldi di quanti ne sapesse fare. In breve tempo divenne la voce della **città** e tutti volevano essere suoi amici.

L'Uomo di Sughero si godette per un po' la sua nuova **ricchezza**, ma alla fine cominciò a sentirsi un po' vuoto. Gli mancava la semplicità della sua vecchia vita e desiderava qualcosa di più **significativo**. Un giorno prese una decisione: avrebbe dato via tutti i suoi soldi e sarebbe tornato a vivere semplicemente come prima. I suoi amici e la sua famiglia pensavano che fosse **pazzo**, ma non capivano cosa significasse avere tutto ciò che si poteva desiderare... e sentire comunque che **mancava** qualcosa. Così l'Uomo di Sughero diede via la sua fortuna e tornò a vivere nel piccolo villaggio dove tutto era cominciato. E sapete cosa? Scoprì di essere più felice che mai.

Perguntas de compreensão

1. O que é que o desconhecido ofereceu para pagar ao Corkman?

2. Como é que o Corkman se sentiu com a sua nova riqueza?

3. Porque é que o Corkman voltou a viver na pequena aldeia?

4. O que pensaram os amigos e a família do Corkman sobre a sua decisão de dar a sua fortuna?

5. O que é que o Corkman encontrou quando regressou à pequena aldeia?

6. Qual era a profissão do desconhecido?

7. Qual era a profissão do Corkman?

8. Quanto dinheiro tinha o Corkman antes do desconhecido chegar à cidade?

9. Como é que o Corkman encontrou a cortiça da árvore?

10. Qual era o nome da árvore de onde o Corkman tirou a cortiça?

Domande di comprensione

1. Che cosa offrì lo straniero per pagare il sughericoltore?

2. Come si sentiva l'Uomo di Sughero di fronte alla sua nuova ricchezza?

3. Perché l'Uomo di Sughero è tornato a vivere nel piccolo villaggio?

4. Cosa pensavano gli amici e la famiglia di Corkman della sua decisione di dare via la sua fortuna?

5. Cosa trovò l'Uomo di Sughero quando tornò al piccolo villaggio?

6. Qual era la professione dello straniero?

7. Qual era la professione di Corkman?

8. Quanto denaro aveva il sugheraro prima che lo straniero arrivasse in città?

9. Come ha fatto l'uomo dei tappi a trovare il sughero dell'albero?

10. Come si chiamava l'albero da cui il sugheriere aveva preso il tappo?

Frango Piri Piri

O sol estava a bater impiedosamente na pequena cidade de Piri Piri Piri. As únicas coisas que se moviam eram as **galinhas**, bicando no chão em busca de comida. Eram as únicas criaturas que conseguiam suportar o calor. De repente, uma das galinhas começou a abanar e a convulsionar. Parecia estar a ter uma **convulsão**. Depois, o seu corpo começou a esticar-se e a crescer até ter o dobro do seu tamanho. As suas penas ficaram vermelhas e começaram a **fumar** como se estivessem a arder. As outras galinhas fugiram com medo quando esta estranha criatura se apresentou diante delas, sem saber o que fazer a seguir. No dia seguinte, os habitantes da cidade de Piri Piri acordaram e descobriram que todas as suas galinhas se tinham transformado nestas estranhas **criaturas.** Estavam assustados e não sabiam o que fazer.

Alguns dos **corajosos** decidiram tentar apanhar uma destas galinhas e cozinhá-la, pensando que talvez tivesse o sabor de uma galinha normal. Quando a apanharam, puseram-na numa panela de água a ferver e esperaram. Mas em vez de **cozinhar**, o frango começou a arder até não restar mais nada a não ser cinzas. Os habitantes da cidade ficaram horrorizados

Pollo Piri Piri

Il sole batteva senza pietà sulla piccola città di Piri Piri. Le uniche cose che si muovevano erano le **galline**, che beccavano il terreno in cerca di cibo. Erano le uniche creature che potevano sopportare il caldo. All'improvviso, una delle galline iniziò a tremare e ad avere delle convulsioni. Sembrava che avesse le **convulsioni**. Poi, il suo corpo cominciò ad allungarsi e a crescere fino a raddoppiare le sue dimensioni. Le sue piume divennero rosse e iniziarono a **fumare** come se stessero prendendo fuoco. Le altre galline fuggirono spaventate, mentre quella strana creatura stava davanti a loro, incerta sul da farsi. Il giorno dopo, gli abitanti di Piri Piri si svegliarono e scoprirono che tutti i loro polli si erano trasformati in queste strane **creature**. Erano spaventati e non sapevano cosa fare.

Alcuni **coraggiosi** decisero di provare a catturare uno di questi polli e di cucinarlo, pensando che forse avrebbe avuto il sapore di un pollo normale. Quando ne catturarono uno, lo misero in una pentola d'acqua bollente e aspettarono. Ma invece di **cuocere**, il pollo cominciò a bruciare finché non rimase altro che cenere. Gli abitanti della città erano inorriditi e sapevano che non sarebbe stato un giorno normale. Quando si diffuse la notizia degli **strani** polli, arrivarono persone da tutto

e sabiam que afinal este não seria um dia normal. À medida que se espalhava a notícia sobre as **estranhas** galinhas, as pessoas de todo o lado vinham vê-las por si próprias. Os cientistas chegaram para as estudar e descobrir o que as tornava diferentes das galinhas **normais.** Mas por muito que estudassem, não conseguiam descobrir. A única coisa que alguém sabia ao certo era que estas galinhas não eram definitivamente seguras para comer. A cidade de Piri Piri tornou-se uma atracção **turística por causa** das estranhas galinhas. As pessoas vinham de todo o lado para as ver e tirar fotografias.

As pessoas da cidade começaram a ganhar dinheiro com isto e puderam melhorar as suas vidas. Construíram novas casas e empresas, e a cidade **floresceu**. Mas apesar de agora terem dinheiro, os habitantes da cidade ainda não conseguiam perceber o que tornava estas galinhas tão especiais. E eles sabiam que, enquanto não soubessem, havia sempre a possibilidade de algo correr mal. Um dia, um grupo de **cientistas** veio à cidade com uma nova teoria. Disseram que tinham descoberto que as galinhas tinham sofrido mutações devido à radiação solar. Isto explica porque só foram encontradas em Piri Piri e em mais nenhum lugar do mundo. Os habitantes da cidade ficaram aliviados por **finalmente** terem uma explicação para estas estranhas criaturas.

il mondo per vederli di persona. Arrivarono anche degli scienziati per studiarli e capire cosa li rendesse diversi dai polli **normali**. Ma per quanto studiassero, non riuscivano a capirlo. L'unica cosa certa era che questi polli non erano assolutamente sicuri da mangiare. La città di Piri Piri divenne un'attrazione **turistica a** causa degli strani polli. La gente veniva da ogni parte per vederli e fotografarli.

Gli abitanti della città cominciarono a guadagnarci sopra e furono in grado di migliorare la loro vita. Costruirono nuove case e attività commerciali e la città **fiorì**. Ma anche se ora avevano i soldi, gli abitanti della città non riuscivano ancora a capire cosa rendesse questi polli così speciali. E sapevano che, finché non lo sapevano, c'era sempre la possibilità che qualcosa andasse storto. Un giorno, un gruppo di **scienziati** arrivò in città con una nuova teoria. Dissero di aver scoperto che i polli erano mutati a causa delle radiazioni solari. Questo spiegava perché si trovavano solo a Piri Piri e in nessun altro luogo del mondo. Gli abitanti della città furono sollevati dal fatto di avere **finalmente** una spiegazione per queste strane creature.

Perguntas de compreensão

1. Qual foi a reacção inicial dos habitantes da cidade quando souberam das galinhas estranhas?

2. Como é que as pessoas da cidade ganharam dinheiro com as galinhas estranhas?

3. O que é que o grupo de cientistas disse que foi a causa da mutação das galinhas?

4. Como se sentiram as pessoas da cidade quando descobriram a causa das galinhas?

5. O que é que os habitantes da cidade ainda não sabem sobre as galinhas?

6. O que aconteceria se alguém tentasse comer uma das galinhas estranhas?

7. Como era a galinha estranha quando se transformou pela primeira vez?

8. Como reagiram as outras galinhas quando viram a estranha galinha?

9. Quanto tempo demorou a população da cidade a descobrir a causa das galinhas?

10. O que é que as pessoas da cidade precisam de fazer para mudar as galinhas de volta ao seu estado original?

Domande di comprensione

1. Qual è stata la reazione iniziale degli abitanti della città quando hanno scoperto gli strani polli?

2. Come facevano gli abitanti della città a guadagnare con gli strani polli?

3. Secondo il gruppo di scienziati, qual è la causa della mutazione dei polli?

4. Come si sono sentiti gli abitanti della città quando hanno scoperto la causa delle galline?

5. Qual è una cosa che gli abitanti della città non sanno ancora dei polli?

6. Cosa succederebbe se qualcuno cercasse di mangiare uno degli strani polli?

7. Che aspetto aveva lo strano pollo quando si è trasformato?

8. Come hanno reagito le altre galline quando hanno visto lo strano pollo?

9. Quanto tempo hanno impiegato gli abitanti della città per capire la causa delle galline?

10. Cosa devono fare gli abitanti della città per riportare i polli al loro stato originale?

Golfe

O sol estava a bater no campo de golfe, fazendo com que a relva parecesse murchar com o calor. O único som que se podia ouvir era o som **ocasional** de um taco a bater numa bola. Ia ser um longo dia aqui fora. John tinha jogado golfe durante anos, e adorava-o. Ele adorava a sensação de **afundar** um putt ou de bater uma tacada directamente no fairway. Mas hoje, a sua mente não estava no seu jogo. A sua mente estava na sua **mulher**, que falecera há duas semanas devido a cancro. Ele tentou concentrar-se no seu swing, mas sempre que o fazia, via a cara dela nos olhos da sua mente. Já **sentia** tanto a **falta** dela, e doía saber que ela nunca mais estaria lá para o ver jogar. Finalmente desistiu, John saiu do **percurso** e dirigiu-se para casa. John estava sentado na sua sala de estar, a olhar para a televisão mas não a via realmente.

A sua mente ainda estava no golfe e na sua esposa. Ele sabia que precisava de sair de **casa** e fazer alguma coisa, ou ficaria louco. Levantou-se do sofá e foi para a garagem, onde os seus tacos de golfe estavam **guardados**. Levou-os para fora e colocou-os no seu carro, depois conduziu até ao campo. Estava vazio quando chegou, o que era exactamente o que ele queria. Caminhou para a primeira caixa de tacos e

Golf

Il sole batteva sul campo da golf, facendo sembrare l'erba appassita dal caldo. L'unico suono che si sentiva era il colpo **occasionale** di una mazza che colpiva una palla. Sarebbe stata una lunga giornata qui fuori. John giocava a golf da anni e lo adorava. Amava la sensazione di **affondare** un putt o di colpire un drive dritto nel fairway. Ma oggi la sua mente non era concentrata sul gioco. Pensava a sua **moglie**, scomparsa due settimane prima a causa di un cancro. Cercò di concentrarsi sul suo swing, ma ogni volta che lo faceva rivedeva il suo volto negli occhi della mente. Gli **mancava** già così tanto e gli faceva male sapere che non sarebbe mai stata lì a guardarlo giocare di nuovo. Alla fine si arrese, John uscì dal **campo** e si diresse verso casa. John era seduto in salotto, fissava la televisione ma non la vedeva veramente.

La sua mente era ancora rivolta al golf e a sua moglie. Sapeva che doveva uscire di **casa** e fare qualcosa, altrimenti sarebbe impazzito. Si alzò dal divano e andò in garage, dove erano **conservate** le sue mazze da golf. Le tirò fuori e le mise in macchina, poi andò al campo. Quando arrivò il campo era vuoto, proprio come voleva lui. Entrò nel primo tee box e fissò la **pallina**. Riusciva a vedere il volto di lei, che gli sorrideva

olhou fixamente para a **bola**. Conseguiu voltar a ver o seu rosto, sorrindo para ele do outro lado do túmulo. Sacudindo a cabeça para a limpar, John respirou fundo e balançou. Enquanto John jogava sozinho por 18 buracos, começou a sentir-se **melhor**. O ar fresco e o exercício estavam a fazer-lhe bem, e pensar em tempos felizes com a sua mulher em vez de se deter na sua **morte** também estava a ajudar. Quando terminou de jogar, o sol tinha começado a pôr-se, e John sentia-se como um homem novo.

Empacotou os seus tacos, entrou no seu carro, e dirigiu-se para casa, sentindo-se **grato** por ter um escape tão grande para lidar com este período difícil da sua vida. John continuou a jogar golfe várias vezes por semana, e isso tornou-se a sua **terapia**. Começou a encontrar-se com outras pessoas no campo que estavam a lidar com os seus próprios problemas, e muitas vezes falavam enquanto jogavam. Era bom ter alguém para conversar com quem **compreendesse** o que ele estava a passar. Finalmente, John começou a entrar novamente em **torneios**, e até ganhou alguns deles. Mas mais importante, ele sentiu que finalmente tinha encontrado **a paz** depois de perder a sua esposa. O golfe tinha-o salvado de uma vida de solidão e tristeza, e por isso ficaria eternamente grato.

dall'oltretomba. Scuotendo la testa per schiarirla, John fece un respiro profondo e si mise a giocare. Mentre giocava da solo per 18 buche, John cominciò a sentirsi **meglio**. L'aria fresca e l'esercizio fisico gli facevano bene, e anche pensare ai momenti felici con sua moglie invece di soffermarsi sulla sua **morte lo** aiutava. Quando finì di giocare, il sole aveva iniziato a tramontare e John si sentiva un uomo nuovo.

Impacchettò le mazze, salì in macchina e si diresse a casa, sentendosi **grato** di avere un'ottima valvola di sfogo per affrontare questo momento difficile della sua vita. John continuò a giocare a golf più volte alla settimana e divenne la sua **terapia**. Al campo iniziò a incontrare altre persone che stavano affrontando i loro stessi problemi e spesso parlavano mentre giocavano. Era bello avere qualcuno con cui parlare che **capisse** quello che stava passando. Alla fine John ricominciò a partecipare ai **tornei e ne** vinse alcuni. Ma soprattutto si sentiva come se avesse finalmente trovato **la pace** dopo la perdita della moglie. Il golf lo aveva salvato da una vita di solitudine e tristezza, e per questo gli sarebbe stato per sempre grato.

Perguntas de compreensão

1. Em que estava a mente de John concentrada enquanto jogava golfe?

2. Como se sentiu John quando começou a jogar golfe novamente?

3. O que é que John fez quando chegou ao campo de golfe pela primeira vez?

4. Como é que John se sentiu no final do jogo?

5. O que é que John fez depois de ter terminado de jogar golfe?

6. Porque é que John começou a jogar golfe novamente?

7. Em que pensou John enquanto jogava golfe?

8. Onde estava focada a mente de John enquanto jogava golfe?

9. Quando começou John a jogar golfe novamente?

10. O que é que John fez quando chegou ao campo de golfe pela primeira vez?

Domande di comprensione

1. Su cosa si concentrava la mente di John mentre giocava a golf?

2. Come si è sentito John quando ha ricominciato a giocare a golf?

3. Che cosa ha fatto John quando è arrivato al campo da golf?

4. Come si sentiva John alla fine della partita?

5. Che cosa ha fatto John dopo aver finito di giocare a golf?

6. Perché John ha ricominciato a giocare a golf?

7. A cosa pensava John mentre giocava a golf?

8. Dove si concentrava la mente di John mentre giocava a golf?

9. Quando John ha ricominciato a giocare a golf?

10. Che cosa ha fatto John quando è arrivato al campo da golf?

Lisboa

Lisboa foi uma cidade que sempre pareceu estar num estado de **fluxo**. Novos edifícios estavam constantemente a subir enquanto os antigos estavam a ser demolidos. As ruas estavam sempre ocupadas com pessoas a entrar e a sair, e o ar enchia-se com o som das obras de **construção.** Era uma cidade que estava sempre a mudar, e parecia que tudo podia acontecer a qualquer momento. Uma manhã, Lisboa acordou para descobrir que todos os novos edifícios tinham desaparecido da noite para o dia. Tinham simplesmente desaparecido **no** ar, deixando para trás apenas lotes vazios e escombros. Ninguém podia explicar o que tinha acontecido, mas **todos** sabiam que algo de estranho se estava a passar em Lisboa. À medida que os dias passavam, mais e mais coisas começavam a desaparecer da cidade. Os carros desapareceram dos parques de estacionamento, as árvores desapareceram dos parques, e até mesmo as pessoas começaram a desaparecer das suas casas. Em breve, Lisboa foi quase **abandonada**; apenas uma mão-cheia de pessoas permaneceu na outrora metrópole de autocarros. Aqueles que ficaram em Lisboa rapidamente perceberam que não estavam sozinhos.

Lisbona

Lisbona era una città che sembrava sempre in **movimento**. Nuovi edifici venivano costruiti in continuazione, mentre quelli vecchi venivano abbattuti. Le strade erano sempre affollate di persone che andavano e venivano e l'aria era piena del rumore dei **lavori di costruzione**. Era una città in continuo cambiamento e sembrava che tutto potesse accadere in qualsiasi momento. Una mattina, Lisbona si svegliò e scoprì che tutti i nuovi edifici erano scomparsi durante la notte. Erano semplicemente svaniti nel **nulla**, lasciando dietro di sé solo lotti vuoti e macerie. Nessuno sapeva spiegare cosa fosse successo, ma **tutti** sapevano che a Lisbona stava succedendo qualcosa di strano. Con il passare dei giorni, sempre più cose cominciarono a scomparire dalla città. Le auto sparirono dai parcheggi, gli alberi dai parchi e persino le persone iniziarono a sparire dalle loro case. Ben presto Lisbona fu quasi **abbandonata**; solo una manciata di persone rimase nella metropoli un tempo in fermento. Chi era rimasto a Lisbona si rese subito conto di non essere solo.

Strane creature hanno iniziato ad apparire in città, appostandosi nell'**ombra** e osservandole da lontano. Non sono mai state viste da vicino, ma tutti potevano

Estranhas criaturas começaram a aparecer na cidade, à espreita nas **sombras** e a observá-las à distância. Nunca foram vistas de perto, mas todos podiam sentir os seus olhos nelas em todos os momentos. As criaturas pareciam estar **à espera** de algo, e as pessoas de Lisboa sabiam que estavam de alguma forma ligadas aos desaparecimentos. Não sabiam o que estas criaturas queriam, mas sabiam que precisavam de descobrir antes que fosse demasiado tarde. Um pequeno grupo de almas corajosas decidiu **aventurar-se** num dos edifícios abandonados em busca de respostas. Não faziam ideia do que iriam encontrar, mas sabiam que tinham de fazer alguma coisa. Contudo, logo que entraram, perceberam que havia algo de errado com este **lugar**. O ar era espesso e pesado, e um silêncio assustador pairava sobre tudo. Parecia que o próprio tempo tinha parado dentro deste **edifício**. Ao explorarem o edifício, o grupo começou a aperceber-se de que não estavam sozinhos. Conseguiam sentir algo a observá-los das sombras, e estava a tornar-se cada vez mais difícil manter a calma.

sentire i loro occhi su di loro in ogni momento. Le creature sembravano in **attesa** di qualcosa e gli abitanti di Lisbona sapevano che erano in qualche modo collegate alle sparizioni. Non sapevano cosa volessero queste creature, ma sapevano che dovevano scoprirlo prima che fosse troppo tardi. Un piccolo gruppo di anime coraggiose decise di **avventurarsi** in uno degli edifici abbandonati in cerca di risposte. Non avevano idea di cosa avrebbero trovato, ma sapevano che dovevano fare qualcosa. Appena entrati, però, si resero conto che c'era qualcosa di sbagliato in quel **luogo**. L'aria era densa e pesante e su tutto aleggiava un silenzio inquietante. Sembrava che il tempo stesso si fosse fermato all'interno di questo **edificio**. Esplorando l'edificio, il gruppo cominciò a rendersi conto di non essere solo. Sentivano che qualcosa li osservava dall'ombra e diventava sempre più difficile mantenere la calma.

Perguntas de compreensão

1. Qual é o nome do protagonista?

2. O que é que o protagonista faz na vida?

3. Qual é o nome do antagonista?

4. O que é que o antagonista faz na vida?

5. Como é que o protagonista se sente em relação ao antagonista?

6. Como é que o antagonista se sente em relação ao protagonista?

7. Qual é o clímax da história?

8. Qual é a resolução da história?

9. Que tema é explorado na história?

10. Qual é o género da história?

Domande di comprensione

1. Come si chiama il protagonista?

2. Cosa fa il protagonista per vivere?

3. Come si chiama l'antagonista?

4. Cosa fa l'antagonista per vivere?

5. Cosa prova il protagonista nei confronti dell'antagonista?

6. Cosa prova l'antagonista nei confronti del protagonista?

7. Qual è il punto culminante della storia?

8. Qual è la risoluzione della storia?

9. Quale tema viene esplorato nella storia?

10. Qual è il genere della storia?

Música de Fado

A primeira vez que ouvi música de fado, fui imediatamente transportado para outro local. Era como se a **voz** do cantor e a melodia da guitarra estivessem a falar directamente para a minha alma. Senti uma profunda ligação à música e sabia que ela teria sempre um lugar especial no meu coração. Desde então, cada vez que ouço música de fado, isso leva-me de volta àquele momento **mágico** em que me apaixonei por ela pela primeira vez. Quer esteja a ouvir uma actuação ao vivo ou simplesmente a transmitir uma canção no meu telefone, a sensação é sempre a mesma: como regressar a casa. Muitas vezes dou comigo a sonhar acordado sobre como seria viver num mundo onde a música de fado é a única coisa que existe. Na minha **mente**, todos sabem tocar guitarra e cantar, e não há outros géneros de música. Os dias são preenchidos com o som das pessoas a fazer serenatas nas praças e parques públicos, e as noites são passadas a **dançar** juntas sob as estrelas. É um sonho bonito, mas que nunca se tornará realidade.

Por agora, contento-me em ouvir música de fado sempre que posso e deixo-a transportar-me para o seu próprio lugar especial. Uma das minhas coisas favoritas é ir a **concertos de** Fado. Há algo na música ao vivo

Musica Fado

La prima volta che ho ascoltato la musica Fado, sono stata immediatamente trasportata in un altro luogo. Era come se la **voce** del cantante e la melodia della chitarra parlassero direttamente alla mia anima. Ho sentito un legame profondo con questa musica e sapevo che avrebbe sempre avuto un posto speciale nel mio cuore. Da allora, ogni volta che ascolto la musica Fado, mi riporta a quel momento **magico** in cui me ne sono innamorata per la prima volta. Che io stia ascoltando un'esibizione dal vivo o semplicemente ascoltando una canzone in streaming sul mio telefono, la sensazione è sempre la stessa: è come tornare a casa. Spesso mi ritrovo a sognare a occhi aperti come sarebbe vivere in un mondo in cui la musica Fado è l'unica cosa che esiste. Nella mia **mente**, tutti sanno suonare la chitarra e cantare e non esistono altri generi musicali. Le giornate sono riempite dal suono delle persone che si fanno la serenata nelle piazze e nei parchi pubblici e le notti si trascorrono **ballando** insieme sotto le stelle. È un sogno bellissimo, ma che non diventerà mai realtà.

Per ora mi accontento di ascoltare la musica del Fado ogni volta che posso e lasciare che mi trasporti in un luogo speciale. Una delle cose che preferisco fare è andare ai **concerti** di Fado. C'è qualcosa nella musica

que simplesmente não pode ser batido. Adoro sentir a energia da multidão e ver os intérpretes interagirem uns com os outros em **palco**. É sempre uma experiência especial, e que eu aprecio sempre. Lembro-me de um concerto em particular que foi particularmente memorável. O cantor era tão apaixonado e cheio de alma, e o **tocar de** guitarra era simplesmente bonito. Todos na audiência estavam completamente cativados pela música, e parecia que estávamos todos a partilhar algo verdadeiramente **especial**. Nessa noite, apaixonei-me ainda mais pela música de fado e soube que ela teria sempre um lugar no meu coração. Hoje em dia, dou por mim a ouvir cada vez mais a música de fado. Tornou-se a banda sonora da minha vida, e não consigo imaginar viver sem ela. Sempre que preciso de me levantar ou quero relaxar, sei que só preciso de colocar a minha canção de fado favorita e deixar a **magia** acontecer.

Estou tão grato por ter encontrado esta música e estou sempre entusiasmado por partilhá-la com outros. Se nunca ouviu falar de fado antes, peço-lhe que a experimente. Talvez se veja apaixonado por ela, como eu me apaixonei. Num mundo que pode ser tão **caótico** e barulhento, a música de fado é o meu oásis. É a única coisa que me traz sempre paz e que me faz sentir em casa. Não importa onde estou ou o que se passa na minha vida, eu sei que enquanto tiver música de fado, tudo ficará **bem**.

dal vivo che non si può battere. Mi piace sentire l'energia della folla e guardare gli artisti interagire tra loro sul **palco**. È sempre un'esperienza speciale, che apprezzo ogni volta. Ricordo un concerto in particolare che è stato particolarmente memorabile. Il cantante era così appassionato e pieno di anima, e la chitarra era semplicemente bellissima. Tutti i presenti erano completamente catturati dalla musica e sembrava che stessimo partecipando a qualcosa di veramente **speciale**. Quella sera mi sono innamorata ancora di più della musica Fado e ho capito che avrebbe sempre avuto un posto nel mio cuore. Oggi mi ritrovo ad ascoltare sempre più spesso la musica Fado. È diventata la colonna sonora della mia vita e non riesco a immaginare di vivere senza. Ogni volta che ho bisogno di un po' di relax, so che tutto ciò che devo fare è mettere la mia canzone preferita di Fado e lasciare che la **magia** accada.

Sono così grata di aver trovato questa musica e sono sempre entusiasta di **condividerla** con gli altri. Se non avete mai sentito parlare di Fado, vi invito a provarlo. Potreste innamorarvene come ho fatto io. In un mondo che può essere così **caotico** e rumoroso, la musica Fado è la mia oasi. È l'unica cosa che mi porta sempre pace e mi fa sentire a casa. Non importa dove mi trovi o cosa stia succedendo nella mia vita, so che finché avrò la musica Fado, tutto andrà **bene**.

Perguntas de compreensão

1. Qual é a sensação da autora na primeira vez que ouviu música de fado?

2. O autor pensa que a música de fado é o único género de música?

3. O que é que a autora faz quando quer relaxar?

4. Como é que a autora pensa que seria a sua vida sem música de fado?

5. O que pensa o autor da música ao vivo?

6. O que pensa a autora sobre o concerto de fado a que assistiu?

7. O que pensa o autor do cantor e do guitarrista no concerto de fado?

8. O que pensa o autor sobre a multidão no concerto de fado?

9. O que pensa o autor da música de fado em geral?

10. O que pensa a autora que o futuro reserva para ela e para a música de fado?

Domande di comprensione

1. Che cosa ha provato l'autrice la prima volta che ha ascoltato la musica Fado?

2. L'autore pensa che il Fado sia l'unico genere musicale?

3. Cosa fa l'autrice quando vuole rilassarsi?

4. Come pensa l'autrice che sarebbe la sua vita senza la musica Fado?

5. Cosa pensa l'autore della musica dal vivo?

6. Cosa pensa l'autrice del concerto di Fado a cui ha assistito?

7. Cosa pensa l'autore del cantante e del chitarrista al concerto di Fado?

8. Cosa pensa l'autore della folla al concerto di Fado?

9. Cosa pensa l'autore della musica Fado in generale?

10. Cosa pensa l'autrice del futuro per lei e per la musica Fado?

Futebol

O jogo de futebol tem sido sempre uma **paixão** minha. Eu observava horas e horas de jogos, esperando ansiosamente pela minha vez de jogar. Quando finalmente chegou a hora, fiquei extasiado. Coloquei as minhas chuteiras e pisei o campo com **borboletas** no estômago. O apito soou e o jogo começou. Percebi rapidamente que isto não era como ver de lado; era muito mais intenso. A outra equipa vinha até nós com toda a força, e nós estávamos a lutar para nos acompanhar. De repente, alguém chutou a **bola** na minha direcção, e tudo parecia abrandar. Sem pensar, reagi instintivamente e chutei-a de volta antes que alguém a pudesse roubar de mim. Soube bem poder contribuir para o esforço da nossa equipa, e em breve, estávamos à frente por um golo, graças ao meu remate de **sorte**!

Aguentámos até o apito final e celebrámos juntos a nossa **vitória** - algo que nunca esquecerei. À medida que os anos foram passando, o meu amor pelo futebol só se tornou mais forte. Continuei a jogar e a aperfeiçoar as minhas capacidades, sonhando um dia em tornar-me um **jogador** profissional. Os meus pais apoiavam os meus sonhos e levavam-me frequentemente a assistir aos jogos no estádio. Um dia,

Calcio

Il gioco del calcio è sempre stato una mia **passione**. Guardavo ore e ore di partite, aspettando con ansia il mio turno di giocare. Quando finalmente arrivava il momento, ero estasiato. Ho indossato i tacchetti e sono entrato in campo con **le farfalle** nello stomaco. Il fischio d'inizio e la partita. Mi resi subito conto che non era come guardare da bordo campo: era molto più intenso. L'altra squadra ci attaccava a tutta forza e noi faticavamo a tenere il passo. All'improvviso, qualcuno ha calciato il **pallone** verso di me e tutto è sembrato rallentare. Senza pensarci, ho reagito d'istinto e l'ho calciato indietro prima che qualcuno potesse rubarmelo. È stata una bella sensazione poter contribuire allo sforzo della nostra squadra e ben presto, grazie al mio tiro **fortunato, ci siamo** trovati in vantaggio di un gol!

Tenemmo duro fino al fischio finale e festeggiammo insieme la **vittoria**: un'esperienza che non dimenticherò mai. Con il passare degli anni, il mio amore per il calcio è diventato sempre più forte. Ho continuato a giocare e ad affinare le mie capacità, sognando di diventare un giorno un **giocatore** professionista. I miei genitori sostenevano i miei sogni e mi portavano spesso a vedere le partite allo stadio. Un giorno, all'improvviso, ricevetti una telefonata da un osservatore che mi aveva

de repente, recebi uma chamada de um olheiro que me tinha visto jogar. Ele disse-me que eu tinha **potencial** e convidou-me a vir experimentar para a sua equipa. Era uma oportunidade única na vida e eu não podia dizer não. Fiz as malas e despedi-me da minha **família**, sem saber quando ou se alguma vez os voltaria a ver. As provas foram difíceis, mas consegui impressionar os olheiros o suficiente para ganhar um lugar na **equipa**. A partir de então, a minha vida mudou para sempre.

Hoje em dia, o futebol é mais do que apenas um jogo para mim; é o meu sustento. Como parte de uma equipa em ascensão na Europa, viajamos por todo o continente, competindo contra alguns dos melhores **jogadores** do mundo. É um trabalho exigente mas também incrivelmente gratificante, especialmente quando ganhamos! Os nossos adeptos também são espantosos; aparecem sempre em massa sempre que temos um jogo, independentemente do local onde este está a decorrer. Uma das melhores coisas de ser jogador de futebol profissional é que posso viajar para tantos lugares diferentes. Tive a **sorte** de ver algumas paisagens incríveis e conhecer muitas pessoas interessantes de todos os estilos de vida. O futebol abriu-me verdadeiramente o mundo de formas que nunca poderia ter **imaginado**. Olhando para trás, é difícil **de acreditar** o quão longe cheguei desde aqueles primeiros dias a jogar futebol no meu **quintal**.

visto giocare. Mi disse che avevo **del potenziale** e mi invitò a fare un provino per la sua squadra. Era un'opportunità unica nella vita e non potevo dire di no. Feci le valigie e salutai la mia **famiglia**, senza sapere se e quando l'avrei rivista. I provini furono difficili, ma riuscii a impressionare gli osservatori tanto da guadagnarmi un posto in **squadra**. Da quel momento la mia vita cambiò per sempre.

Oggi il calcio per me è più di un semplice gioco: è la mia fonte di sostentamento. Facendo parte di una squadra emergente in Europa, viaggiamo in tutto il continente e ci confrontiamo con alcuni dei migliori **giocatori** del mondo. È un lavoro impegnativo ma anche incredibilmente gratificante, soprattutto quando vinciamo! Anche i nostri tifosi sono fantastici: vengono sempre in massa ogni volta che abbiamo una partita, indipendentemente dal luogo in cui si svolge. Una delle cose migliori dell'essere un calciatore professionista è che posso viaggiare in tanti posti diversi. Ho avuto **la fortuna di** vedere luoghi straordinari e di incontrare persone interessanti di ogni estrazione sociale. Il calcio mi ha davvero aperto il mondo in modi che non avrei mai potuto **immaginare**. Guardando indietro, è difficile **credere a** quanta strada ho fatto da quei primi giorni in cui giocavo a calcio nel mio **cortile**. Da lì a dove sono ora, mi sembra un sogno che si realizza.

Perguntas de compreensão

1. O que foi sempre uma paixão do autor?

2. Quando é que o autor finalmente chegou a jogar futebol?

3. O que é que o autor percebeu quando pisou no campo?

4. Como é que o autor se sentiu quando chutaram a bola de volta?

5. O que é que os pais do autor fizeram para apoiar os seus sonhos?

6. Qual foi o resultado das provas do autor?

7. O que é agora o futebol mais do que para o autor?

8. Qual é uma das melhores coisas em ser um jogador de futebol profissional?

9. O que é que o futebol se abriu para o autor?

10. Qual é o sonho do autor?

Domande di comprensione

1. Qual è sempre stata la passione dell'autore?

2. Quando l'autore ha finalmente potuto giocare a calcio?

3. Che cosa ha capito l'autore quando è entrato in campo?

4. Come si è sentito l'autore quando hanno calciato la palla indietro?

5. Cosa hanno fatto i genitori dell'autore per sostenere i suoi sogni?

6. Qual è stato l'esito dei provini dell'autore?

7. Che cosa rappresenta il calcio per l'autore?

8. Qual è una delle cose più belle dell'essere un calciatore professionista?

9. Cosa ha aperto il calcio all'autore?

10. Qual è il sogno dell'autore?

Na praia

Após o nascer do sol, as ondas são mais altas e a areia acima da maré é branca. Desço para a praia, **admirando** o mar e o sol. Os meus dedos dos pés sentem os sulcos das conchas. A areia está fria nos meus dedos dos pés. Sorrio e continuo. A maré está alta, por isso tenho de ter cuidado para não ser puxado para dentro. Caminho ao longo da borda da água, admirando o mar. O nascer do sol é **lindo**, e as ondas estão a bater. Sinto-me tão tranquilo. Chego a um local onde há um afloramento de rochas. Sento-me e observo as ondas. A água é tão azul e o céu é tão **alaranjado**. Sinto-me como se estivesse num sonho. Fecho os olhos e ouço apenas as ondas. Sentei-me ali durante muito tempo, até ouvir alguém a chamar pelo meu nome.

Abro os meus olhos e vejo a minha mãe a caminhar na minha direcção. Ela tem um olhar preocupado no seu rosto. Eu sorrio e aceno, e ela **relaxa**. "Estava a perguntar-me para onde foi", diz ela. "Ainda bem que estás a gostar da praia". Eu respondo: "Estou". "É tão bonito aqui". "Eu sei", diz ela. "Costumava vir aqui muitas vezes quando tinha a tua idade". "A sério?" pergunto eu. "Sim", responde ela. "É um lugar especial". "Alguma vez conheceu alguém especial

In spiaggia

Dopo l'alba, le onde sono più forti e la sabbia sopra la marea è bianca. Cammino verso la spiaggia, **ammirando** il mare e il sole. Le mie dita dei piedi sentono i solchi delle conchiglie. La sabbia è fredda sulle dita dei piedi. Sorrido e continuo a camminare. La marea è alta, quindi devo fare attenzione a non farmi trascinare. Cammino lungo la riva, ammirando il mare. L'alba è **bellissima** e le onde si infrangono. Mi sento così in pace. Arrivo a un punto in cui c'è una roccia affiorante. Mi siedo e guardo le onde. L'acqua è così blu e il cielo è così **arancione**. Mi sembra di essere in un sogno. Chiudo gli occhi e ascolto le onde. Rimasi seduto lì per molto tempo, finché non sentii qualcuno che chiamava il mio nome.

Apro gli occhi e vedo mia madre che viene verso di me. Ha un'espressione preoccupata. Le sorrido e la saluto, e lei **si rilassa**. "Mi chiedevo dove fossi andata", dice. "Sono contenta che ti stia godendo la spiaggia". Io rispondo: "Lo sto facendo". "È così bello qui". "Lo so", dice. "Venivo sempre qui quando avevo la tua età". "Davvero?" Chiedo. "Sì", risponde. "È un posto speciale". "Hai mai incontrato qualcuno di speciale qui?". Le chiedo. "Sì", risponde sorridendo. "Tuo padre". "Davvero?" Dico, **sorpreso**. "Sì", dice

aqui?" pergunto eu. "Conheci", responde ela com um sorriso. "O teu pai". "A sério?" **surpreendido"**. "Sim", diz ela. "Costumávamos vir aqui sempre juntos. Foi aqui que nos apaixonámos. "Sorrio, **imaginando** os meus pais a apaixonarem-se nesta bela praia. "É um lugar especial", repete ela. "Estou contente por teres vindo aqui hoje".

Ficamos ali sentados durante mais algum tempo, **observando** as ondas e o pôr-do-sol. Depois levantamo-nos e voltamos a pé para as nossas toalhas de praia. Deitei-me e olhei para as estrelas. Sinto-me tão feliz e contente. As ondas estão mais altas agora, e a areia está fria. O sol está a pôr-se e uma brisa fresca está a soprar. As ondas estão a bater contra a costa, e o cheiro a sal está no ar. É uma noite perfeita para estar na praia. Estou a caminhar ao longo da costa, a **ouvir** o som das ondas e a ver o pôr-do-sol. Vejo um grupo de pessoas sentadas na areia, a rir e a brincar. Parecem estar a divertir-se imenso. Caminho até elas e pergunto se me posso juntar a elas. Eles dizem que sim, e passamos o resto da noite a falar, a rir, e a ver o **pôr-do-sol**. É uma noite perfeita. O grupo e eu conversamos até o pôr-do-sol. Partilhamos histórias e piadas, e todos nos divertimos imenso. À medida que a noite começa a cair, todos nós começamos a sentir-nos cansados. Damos um beijo de **despedida** uns aos outros e partimos. Volto a pé para o meu hotel, sentindo-me feliz e contente.

lei. “Venivamo sempre qui insieme. È qui che ci siamo innamorati. “Sorrido, **immaginando i** miei genitori che si innamorano su questa bellissima spiaggia. “È un posto speciale”, ripete. “Sono felice che siate venuti qui oggi”.

Rimaniamo seduti ancora per un po’ a **guardare** le onde e il tramonto. Poi ci alziamo e torniamo ai nostri teli da mare. Mi sdraio e guardo le stelle. Mi sento così felice e soddisfatta. Le onde ora sono più forti e la sabbia è fredda. Il sole sta tramontando e soffia una brezza fresca. Le onde si infrangono sulla riva e nell’aria si sente l’odore del sale. È una serata perfetta per stare in spiaggia. Cammino lungo la riva, **ascoltando** il suono delle onde e guardando il tramonto. Vedo un gruppo di persone sedute sulla sabbia che ridono e scherzano. Sembra che si stiano divertendo molto. Mi avvicino a loro e chiedo se posso unirmi a loro. Mi rispondono di sì e passiamo il resto della serata a parlare, ridere e guardare il **tramonto**. È una serata perfetta. Io e il gruppo parliamo fino al tramonto. Condividiamo storie e battute e ci divertiamo molto. Quando la notte inizia a calare, cominciamo tutti a sentirci stanchi. Ci **salutiamo** con un bacio e ci separiamo. Torno al mio hotel, felice e soddisfatta.

Perguntas de compreensão

1. Para onde vai a narradora depois de acordar?

2. O que é que a narradora admira enquanto caminha ao longo da praia?

3. O que é que a narradora tem de ter em atenção enquanto caminha ao longo da praia?

4. Onde é que o narrador se senta para apreciar a vista?

5. Quanto tempo é que o narrador fica aí sentado?

6. Quem é que a narradora vê quando volta a abrir os olhos?

7. O que diz a mãe do narrador?

8. De que falam a narradora e as pessoas que ela conhece?

Domande di comprensione

1. Dove va la narratrice dopo essersi svegliata?

2. Che cosa ammira la narratrice mentre cammina lungo la spiaggia?

3. A che cosa deve fare attenzione la narratrice mentre cammina lungo la spiaggia?

4. Dove si siede il narratore per godersi il panorama?

5. Per quanto tempo il narratore rimane seduto lì?

6. Chi vede la narratrice quando riapre gli occhi?

7. Cosa dice la madre del narratore?

8. Di che cosa parlano il narratore e le persone che incontra?

Acampamento no lago

Caminho em direcção ao lago, **admirando** a tranquilidade da cena. O sol está a bater no pequeno lago, fazendo com que a água pareça uma folha de vidro. O único movimento é a ondulação ocasional de um peixe a **partir da** superfície. Até os pássaros parecem estar a fazer uma pausa do calor, com apenas o som das cigarras a encher o ar. **De repente,** a paz é quebrada por um forte salpico. Um grande **peixe** saltou da água, tentando apanhar uma libélula. O peixe falha o seu alvo e cai de novo na água com um salpico. "Uau", penso para mim, "foi um peixe grande!". Olhei à minha volta para ver se mais alguém o viu, mas não havia ninguém por perto. Acho que vou ter de lhes dizer quando voltar ao acampamento.

O calor é **opressivo**, o que dificulta a respiração. O ar é espesso e pesado, como um cobertor enrolado à sua volta. O único alívio está na água. É fresco e refrescante, como uma bebida fria num dia quente. Respira-se fundo e mergulha-se na água. O relevo é imediato, pois a água fria rodeia-me. Nado até ao fundo e depois volto à superfície, sentindo a água refrescar o meu corpo. Continuo a **nadar** às voltas,

Campeggio al lago

Cammino verso il lago, **ammirando** la tranquillità della scena. Il sole batte sul piccolo lago, facendo sembrare l'acqua una lastra di vetro. L'unico movimento è l'increspatura occasionale di un pesce **che rompe** la superficie. Anche gli uccelli sembrano prendersi una pausa dal caldo, con il solo suono delle cicale che riempie l'aria. **All'improvviso**, la pace è rotta da un forte tonfo. Un grosso **pesce** è saltato fuori dall'acqua, cercando di catturare una libellula. Il pesce manca il bersaglio e ricade in acqua con un tonfo. "Wow", penso tra me e me, "quello era un pesce grosso!". Mi guardai intorno per vedere se qualcun altro l'avesse visto, ma non c'era nessuno. Immagino che dovrò raccontarlo quando tornerò al campo.

Il caldo è **opprimente** e rende difficile respirare. L'aria è densa e pesante, come una coperta che ti avvolge. L'unico sollievo è l'acqua. È fresca e rinfrescante, come una bibita fresca in una giornata calda. Faccio un respiro profondo e mi immergo nell'acqua. Il sollievo è immediato quando l'acqua fresca mi circonda. Nuoto fino al fondo e poi risalgo in superficie, sentendo l'acqua rinfrescare il mio corpo. Continuo a **nuotare** a vasche, godendomi la tregua dal caldo. Dopo un

aproveitando a pausa do calor. Passado algum tempo, saio da água e deito-me na relva, deixando o sol secar o meu corpo. Fecho os olhos e deixo-me adormecer, o som das **cigarras** a embalar-me num sono profundo. Deixo o sol cozer a água da minha pele. Posso sentir a minha pele a ficar vermelha, mas não me importo. Estou demasiado quente para me preocupar. A próxima coisa que sei é que o sol está a pôr-se. O céu é uma bela laranja, com listras de rosa e roxo. O calor desapareceu, substituído por uma **brisa** fresca.

Levanto-me e volto a vestir-me, sentindo-me refrescado e rejuvenescado. **Respiro** fundo o ar fresco e sorrio. Sinto-me bem por estar vivo. Volto a pé para o acampamento, admirando a forma como as cores dançam no céu. Vejo a fogueira a arder ao longe, e sinto o cheiro do fumo no ar. Sorrio e **acelero** o meu ritmo. Estou pronto para relaxar e apreciar o resto da minha noite. Entro no parque de campismo e vejo que todos estão reunidos à volta da fogueira. Estão a **rir** e a brincar, e consigo ver a fogueira a reflectir-se nos seus olhos. Sorrio e sento-me ao lado dos meus amigos. É bom estar de volta. Na manhã seguinte, acordo cedo e começo a arrumar as minhas coisas. Estou ansioso por voltar ao trilho e continuar a minha viagem. Digo adeus aos meus amigos e começo a afastar-me. Ao caminhar, dou uma última vista de olhos ao **acampamento**. Vejo o fogo ainda a arder à distância, e sinto o cheiro do fumo no ar. Sorrio e acelero o meu ritmo.

po' esco dall'acqua e mi sdraio sull'erba, lasciando che il sole asciughi il mio corpo. Chiudo gli occhi e mi addormento, mentre il suono delle **cicale** mi culla in un sonno profondo. Lascio che il sole scrosti l'acqua dalla mia pelle. Sento la pelle arrossarsi, ma non mi importa. Sono troppo accaldato per preoccuparmene. Il cielo è di un bellissimo arancione, con striature di rosa e viola. Il caldo è scomparso, sostituito da una fresca **brezza**.

Mi alzo e mi rivesto, sentendomi rinfrescata e ringiovanita. **Respiro** profondamente l'aria fresca e sorrido. È bello essere vivi. Torno al campeggio, ammirando il modo in cui i colori danzano nel cielo. Vedo il fuoco che arde in lontananza e sento l'odore del fumo nell'aria. Sorrido e **accelero il** passo. Sono pronto a rilassarmi e a godermi il resto della serata. Entro nel campeggio e vedo che tutti sono riuniti intorno al fuoco. **Ridono** e scherzano e posso vedere il fuoco riflesso nei loro occhi. Sorrido e mi siedo accanto ai miei amici. È bello essere tornati. La mattina dopo mi sveglio presto e comincio a raccogliere le mie cose. Sono impaziente di riprendere il cammino e continuare il mio viaggio. Saluto i miei amici e mi incammino. Mentre cammino, do un'ultima occhiata al **campeggio**. Vedo il fuoco ancora acceso in lontananza e sento l'odore del fumo nell'aria. Sorrido e accelero il passo.

Perguntas de compreensão

1. Para onde vai o andarilho?

2. Que tipo de tempo é este?

3. Como é que é a água?

4. Como é que o andarilho reage ao calor?

5. O que é que o peixe está a fazer?

6. Porque é que o andarilho está sozinho?

7. Como é que se sente a água?

8. Como é que o caminhante se sente depois de nadar?

9. Que hora do dia é quando o andarilho acorda?

10. Para onde vai o caminhante quando deixa o acampamento?

Domande di comprensione

1. Dove sta andando il camminatore?

2. Che tempo fa?

3. Che aspetto ha l'acqua?

4. Come reagisce il deambulatore al calore?

5. Cosa sta facendo il pesce?

6. Perché il camminatore è solo?

7. Come si sente l'acqua?

8. Come si sente il camminatore dopo il nuoto?

9. A che ora del giorno si sveglia il deambulatore?

10. Dove va l'ambulante quando lascia il campo?

A Casa

Mudei-me para a minha nova casa na semana passada, e estou tão **entusiasmado**! É muito maior do que a minha antiga, e tem um grande quintal. Mal posso esperar para receber os meus amigos para churrascos e festas. A minha parte **favorita** é o meu novo quarto. É tão grande e brilhante, e eu tenho muito espaço para colocar todas as minhas coisas. Estou realmente feliz com a minha nova casa e penso que serei muito feliz aqui. Decidi explorar a casa um pouco mais. Subi para o segundo andar e comecei a abrir caminho para a cozinha quando vi uma grande aranha negra na parede! Gritei e desci as escadas a correr. Fiquei tão **assustado**! Mas passados alguns minutos, acalmei-me e decidi voltar ao andar de cima. Fui lentamente para a cozinha e vi que a aranha tinha desaparecido. Fiquei tão aliviada! Voltei lá para baixo e decidi ir lá para fora explorar o **quintal**. Era tão grande! Não pude acreditar. Vi um baloiço no canto e um escorrega. Vi também uma rede de basquetebol e um **trampolim**. Estava tão entusiasmado!

Mal posso esperar para usar todo este novo material. Os **vizinhos** apareceram e apresentaram-se. Pareciam muito simpáticos, e falámos durante algum tempo. Eles convidaram-me para o seu churrasco no próximo

La casa

La settimana scorsa mi sono trasferita nella mia nuova casa e sono così **entusiasta**! È molto più grande di quella vecchia e ha un grande cortile. Non vedo l'ora di invitare gli amici per grigliate e feste. La mia parte **preferita** è la mia nuova camera da letto. È così grande e luminosa e ho molto spazio per mettere tutte le mie cose. Sono molto contenta della mia nuova casa e penso che sarò molto felice qui. Ho deciso di esplorare ancora un po' la casa. Sono salita al secondo piano e ho iniziato a dirigermi verso la cucina quando ho visto un grosso ragno nero sul muro! Ho urlato e sono corsa di sotto. Ero così **spaventata**! Ma dopo qualche minuto mi sono calmata e ho deciso di tornare di sopra. Mi sono avvicinata lentamente alla cucina e ho visto che il ragno non c'era più. Ero così sollevata! Tornai al piano di sotto e decisi di uscire per esplorare il **giardino**. Era così grande! Non potevo crederci. Vidi un'altalena in un angolo e uno scivolo. Vidi anche una rete da basket e un **trampolino**. Ero così eccitato!

Non vedo l'ora di usare tutto questo nuovo materiale. I **vicini sono** venuti e si sono presentati. Sembravano molto gentili e abbiamo parlato per un po'. Mi hanno invitato al loro barbecue il prossimo fine settimana e ho detto che mi sarebbe piaciuto venire. La prima

fim-de-semana, e eu disse que adoraria ir. Tive uma óptima primeira semana na minha nova casa, e estou entusiasmado com todas as novas aventuras que se avizinham. Hoje, vou explorar novamente no quintal e ver o que mais posso encontrar. Quem sabe, talvez até encontre algum **tesouro**. Mal posso esperar para ver o que a próxima semana traz! Na semana seguinte, fui explorar no quintal outra vez, e encontrei um jardim **secreto.** Era tão bonito! Havia flores por todo o lado e um pequeno lago com peixes dentro. Também vi um baloiço que nunca tinha visto antes. Estava tão entusiasmado por encontrar este jardim secreto, e mal posso esperar para o explorar mais. Era tão **bonito**!

Havia flores por todo o lado e um pequeno lago com peixes dentro. Também vi um conjunto de **baloiço** que nunca tinha visto antes. Estava tão entusiasmado por encontrar este jardim secreto, e mal posso esperar para o explorar mais. Também adorei o meu novo quarto. Era tão grande e brilhante, e já havia cartazes das minhas bandas favoritas nas paredes. Nem sequer tive de trazer nenhum dos meus próprios **móveis** porque já havia aqui uma cama, uma cómoda e uma secretária. Este vai ser o melhor ano de sempre! Estava um pouco nervoso por começar numa nova **escola**, mas todos os meus novos vizinhos têm sido tão simpáticos. Até conheci uma rapariga que vive aqui ao lado, e ela diz que vai comigo para a escola no meu primeiro dia.

settimana nella mia nuova casa è stata fantastica e sono entusiasta di tutte le nuove avventure che mi aspettano. Oggi andrò di nuovo a esplorare il cortile per vedere cos'altro riesco a trovare. Chissà, forse troverò anche un **tesoro**. Non vedo l'ora di vedere cosa mi porterà la prossima settimana! La settimana successiva sono andata di nuovo in esplorazione nel cortile e ho trovato un giardino **segreto**. Era così bello! C'erano fiori dappertutto e un laghetto con i pesci. Ho visto anche un'altalena che non avevo mai visto prima. Ero così entusiasta di aver trovato questo giardino segreto e non vedo l'ora di esplorarlo ancora. Era così **bello**!

C'erano fiori dappertutto e un laghetto con dei pesci. Ho anche visto un'**altalena** che non avevo mai visto prima. Ero così entusiasta di aver trovato questo giardino segreto e non vedo l'ora di esplorarlo meglio. Mi è piaciuta molto anche la mia nuova stanza. Era così grande e luminosa e sulle pareti c'erano già i poster delle mie band preferite. Non ho nemmeno dovuto portare i miei **mobili**, perché c'erano già un letto, una cassettiera e una scrivania. Questo sarà l'anno migliore di sempre! Ero un po' nervosa all'idea di iniziare una nuova **scuola**, ma tutti i miei nuovi vicini sono stati così amichevoli. Ho persino conosciuto una ragazza che abita nella casa accanto e ha detto che verrà a scuola con me il primo giorno.

Perguntas de compreensão

1. Onde vive a pessoa?

2. Como é que a pessoa gosta na casa nova?

3. Qual é a parte favorita da pessoa na nova casa?

4. O que é que a pessoa encontrou no jardim?

5. Quem são os vizinhos?

6. Como se sentiram os primeiros dias da pessoa na nova casa?

7. Qual é a parte favorita da pessoa na nova sala?

8. O que é que a pessoa planeia fazer amanhã?

9. Qual foi a melhor parte da primeira semana da pessoa na nova casa?

10. O que é tudo no novo quarto da pessoa?

Domande di comprensione

1. Dove vive la persona?

2. Come si trova la persona nella nuova casa?

3. Qual è la parte preferita della nuova casa?

4. Che cosa ha trovato la persona nel giardino?

5. Chi sono i vicini?

6. Come sono stati i primi giorni nella nuova casa?

7. Qual è la parte preferita della nuova stanza?

8. Che cosa ha intenzione di fare domani?

9. Qual è stata la parte migliore della prima settimana nella nuova casa?

10. Che cosa c'è nella nuova stanza della persona?

No comboio

Corri para a estação de comboios, mas cheguei demasiado tarde. O comboio já tinha partido sem mim. Senti-me tão **zangado** e **desapontado** comigo mesmo. Tinha planeado apanhar o comboio para visitar os meus avós que vivem no campo, mas agora teria de esperar uma hora inteira pelo próximo comboio. Em vez disso, decidi passear pela cidade durante algum tempo e tentei esquecer a minha oportunidade perdida. Enquanto caminhava, comecei a **sonhar acordado** sobre todos os lugares que os **comboios** vos podem levar. De repente, já não estava tão aborrecido. Voltei para a estação e não pude deixar de reparar na grande locomotiva vermelha, branca e azul que se aproximava de mim. Só quando vejo o **maquinista a** acenar-me da janela é que percebo que este comboio é para mim. Embarco no comboio e encontro o meu lugar, instalando-me para o que promete ser uma longa viagem.

Quando saímos da estação, não posso deixar de me perguntar para onde este comboio me levará. Através de **campos** de verde e sobre rios azuis, passando também por montanhas e vales, não há como saber para onde este velho comboio irá. À medida que a noite começa a cair, vou à deriva para um sono

Sul treno

Corsi alla stazione ferroviaria, ma ero troppo in ritardo. Il treno era già partito senza di me. Mi sentivo così **arrabbiata** e **delusa** con me stessa. Avevo intenzione di prendere il treno per andare a trovare i miei nonni che vivono in campagna, ma ora avrei dovuto aspettare un'ora intera per il treno successivo. Decisi invece di passeggiare un po' per la città, cercando di dimenticare l'occasione persa. Mentre camminavo, ho iniziato a **sognare a occhi aperti** tutti i luoghi in cui il **treno** può portarti. Improvvisamente, non ero più così arrabbiata. Rientro in stazione e non posso fare a meno di notare la grande locomotiva rossa, bianca e blu che si dirige verso di me. Solo quando vedo il **capotreno che** mi saluta dal finestrino capisco che quel treno è per me. Salgo sul treno e trovo il mio posto, sistemandomi per quello che si preannuncia un lungo viaggio.

Mentre usciamo dalla stazione, non posso fare a meno di chiedermi dove mi porterà questo treno. Attraverso **campi** verdi e fiumi blu, passando per montagne e valli, non si sa dove andrà questo vecchio treno. Quando inizia a calare la notte, mi addormento in un sonno **tranquillo**, cullato dal movimento **ritmico** dei vagoni sui binari sottostanti. Quando arriva il mattino, apro gli occhi e scopro che siamo arrivati in una piccola città

tranquilo, embalado pelo movimento **rítmico** dos vagões nos carris abaixo. Quando a manhã volta, abro os olhos para descobrir que chegámos a uma pequena cidade, algures no meio do nada. O sol está apenas a espreitar o horizonte à medida que os habitantes locais começam a moer na Rua Principal; parece que em qualquer outro dia aqui, excepto numa coisa - há uma grande placa afixada perto da Câmara Municipal que diz “Bem-vindo a bordo! Parece que esta pequena cidade tem estado à nossa espera, apesar de sermos apenas um comboio comum de **passageiros** que passa no nosso caminho para outro lado. Ao deixarmos a cidade para trás, mais uma vez, a remexer em direcção a quem sabe onde será o próximo, sorrio a todas as carinhas amigas acenando adeus daquelas casinhas aninhadas no meio **da quinta -** é realmente espantoso como algo tão aparentemente vulgar pode trazer tanta alegria simplesmente ao passar por aqui. E depois, é claro, há as **crianças**.

Inclino-me para fora da janela da minha locomotiva. Fazem-me sempre sentir tão feliz com os seus olhos brilhantes e os seus grandes sorrisos. Acenei-lhes com energia antes de regressar à minha **cabina** e de me sentar. Já foi um longo dia, mas ainda não acabou; ainda faltam algumas horas para chegarmos ao nosso **destino** final. Puxo o meu livro e começo a ler, deixando que o embalar rítmico do comboio me acalme num estado de paz.

nel bel mezzo del nulla. Il sole fa appena capolino all'orizzonte, mentre la gente del posto inizia a girare per la Main Street; sembra un giorno come un altro, tranne che per una cosa: c'è un grande cartello affisso vicino al municipio che recita "Benvenuti a bordo!". Sembra che questa piccola città ci stesse aspettando, anche se siamo solo un normale treno **passeggeri** di passaggio sulla nostra strada. Mentre ci lasciamo ancora una volta la città alle spalle, andando verso chissà dove, sorrido a tutte le facce amichevoli che ci salutano da quelle casette incastonate tra i **campi coltivati:** è davvero incredibile come qualcosa di così apparentemente ordinario possa portare tanta gioia semplicemente passando di lì. E poi, naturalmente, ci sono i **bambini**.

Mi affaccio al finestrino della mia locomotiva. Mi fanno sempre sentire così felice con i loro occhi lucidi e i loro grandi sorrisi. Li saluto energicamente prima di tornare nella mia **cabina** e sedermi. È stata già una lunga giornata, ma non è ancora finita; mancano ancora alcune ore per raggiungere la nostra **destinazione** finale. Tiro fuori il mio libro e inizio a leggere, lasciando che il dondolio ritmico del treno mi culli in uno stato di pace.

Perguntas de compreensão

1. Para onde vai o comboio?

2. Quem viaja no comboio?

3. Quando parte o comboio?

4. Como é que o protagonista entra no comboio?

5. De onde vem o comboio?

6. Para onde vai o comboio a seguir?

7. Quando chegaram os passageiros?

8. Como é que o protagonista se sente quando perde o comboio?

9. Como é que o maquinista do comboio reage quando vê o protagonista?

10. Porque é que o protagonista gosta de comboios?

Domande di comprensione

1. Dove va il treno?

2. Chi viaggia sul treno?

3. Quando parte il treno?

4. Come fa il protagonista a salire sul treno?

5. Da dove viene il treno?

6. Dove è diretto il treno?

7. Quando sono arrivati i passeggeri?

8. Come si sente il protagonista quando perde il treno?

9. Come reagisce il macchinista quando vede il protagonista?

10. Perché al protagonista piacciono i treni?

Jantar de Culinária

São agora 17 horas e estou a caminho de casa do trabalho. Estou **ansioso** por ter uma noite calma em casa com o meu parceiro. Vamos cozinhar o jantar juntos e depois relaxar durante o resto da noite. É bom saber que não tenho quaisquer planos ou obrigações esta **noite**. Chego a casa e o meu parceiro já está na cozinha, a começar a preparar o nosso jantar. O cheiro aqui dentro é **incrível**! Conversamos enquanto cozinhamos, conversando sobre os dias um do outro e partilhando pequenas histórias da nossa vida profissional. A cozinha é o meu quarto preferido no nosso apartamento. Adoro cozinhar, e adoro especialmente cozinhar com o meu parceiro. Sempre nos divertimos tanto aqui, rindo e brincando enquanto cozinhamos uma tempestade. Além disso, a comida é sempre **incrível** quando trabalhamos **em conjunto**.

Esta noite, estamos a fazer uma das minhas receitas favoritas de todos os tempos: Parmesão de **galinha. O** meu parceiro começa por fazer o frango enquanto eu fico com o molho a ferver no **fogão**. Trabalhamos juntos como uma máquina bem oleada, e em pouco tempo, o jantar está pronto a servir. Sentamo-nos à nossa pequena mesa de cozinha com **pratos** bem servidos com parmesão de galinha, massa e salada. Batemos

Cucinare la cena

Sono le 17.00 e sto tornando a casa dal lavoro. Non vedo l'**ora** di passare una serata tranquilla a casa con il mio compagno. Cucineremo insieme la cena e poi ci rilasseremo per il resto della serata. È bello sapere che questa **sera non ho** programmi o obblighi. Arrivo a casa e il mio partner è già in cucina a preparare la cena. C'è un profumo **fantastico** qui dentro! Chiacchieriamo mentre cuciniamo, raccontandoci le nostre giornate e condividendo piccole storie della nostra vita lavorativa. La cucina è la mia stanza preferita del nostro appartamento. Adoro cucinare e soprattutto adoro farlo con il mio compagno. Ci divertiamo sempre molto qui dentro, ridendo e scherzando mentre cuciniamo. Inoltre, il cibo è sempre **incredibile** quando lavoriamo **insieme**.

Stasera prepariamo una delle mie ricette preferite di sempre: il **pollo** alla parmigiana. Il mio collega inizia a impanare il pollo, mentre io faccio cuocere la salsa sul **fuoco**. Lavoriamo insieme come una macchina ben oliata e in poco tempo la cena è pronta da servire. Ci sediamo al tavolo della nostra cucina con i **piatti** colmi di pollo alla parmigiana, pasta e insalata. Facciamo tintinnare i bicchieri e assaggiamo il primo boccone... ed è **paradisiaco**! Il pollo è croccante all'esterno ma succoso all'interno; il sugo è saporito e

os copos e damos a nossa primeira dentada - e é **celestial**! O frango é estaladiço por fora mas suculento por dentro; o molho é saboroso e perfeito; a massa é cozinhada al dente... tudo tem um sabor absolutamente perfeito esta noite. Ambos sabemos que esta foi uma daquelas noites em que tudo se juntou na perfeição enquanto **saboreávamos** até à última dentada da nossa deliciosa refeição. Sabia ainda melhor do que cheirava - o que era bastante bom! Terminamos a nossa refeição relativamente depressa, pois nenhum de nós está particularmente esfomeado hoje em dia, mas demoramos o nosso tempo a saborear mais uns **copos** de vinho enquanto conversamos levemente sobre este e aquele tópico. Depois do jantar, limpamos rapidamente juntos e depois mudamo-nos para a sala de estar, onde passamos algum tempo **a abraçar-nos** no sofá enquanto vemos televisão.

É tão agradável estar perto um do outro depois de um longo dia de **trabalho** separado. Sinto-me contente. Apesar de não termos tido uma noite agitada, foi agradável passar algum tempo juntos sem ter de sair de casa. Vimos um filme e fomos para a cama cedo, sentindo-nos **satisfeitos** com a nossa simples noite dentro. Isto tornou-se uma das nossas coisas **preferidas** nas noites em que não queremos sair - apenas relaxar em casa e desfrutar da companhia um do outro em vez de uma refeição caseira.

perfetto; la pasta è cotta al dente... tutto ha un sapore assolutamente perfetto stasera. Sappiamo entrambi che questa è stata una di quelle sere in cui tutto si è unito alla perfezione, mentre **assaporiamo** fino all'ultimo boccone il nostro delizioso pasto. Il sapore era persino migliore del profumo, che era dannatamente buono! Finiamo il pasto relativamente in fretta, visto che oggi nessuno dei due ha particolarmente fame, ma ci prendiamo tutto il tempo necessario per goderci qualche altro **bicchiere di** vino chiacchierando con leggerezza di questo e quell'argomento. Dopo cena, puliamo velocemente insieme e poi ci spostiamo in salotto, dove passiamo un po' di tempo **a coccolarci** sul divano guardando la TV.

È così bello stare vicini dopo una lunga giornata di **lavoro**. Mi sento soddisfatta. Anche se non abbiamo avuto una serata movimentata, è stato bello passare un po' di tempo insieme senza dover uscire di casa. Abbiamo guardato un film e siamo andati a letto presto, sentendoci **soddisfatti** della nostra semplice serata. Questa è diventata una delle cose che **preferiamo** fare nelle sere in cui non vogliamo uscire: rilassarci a casa e goderci la reciproca compagnia con un pasto fatto in casa.

Perguntas de compreensão

1. De onde vem o narrador?

2. O que é que o narrador faz depois do trabalho?

3. O que é que o narrador come ao jantar?

4. Porque é que o narrador gosta da cozinha?

5. Que tipo de prato é que o casal cozinha?

6. Como é que o narrador se sente no final da noite?

7. Qual é a coisa favorita do casal?

8. O que é que o casal faz quando se cansa?

9. Onde é que dormem?

10. Porque é que o narrador gosta de ficar em casa?

Domande di comprensione

1. Da dove viene il narratore?

2. Cosa fa il narratore dopo il lavoro?

3. Cosa mangia il narratore per cena?

4. Perché al narratore piace la cucina?

5. Che tipo di piatto cucina la coppia?

6. Come si sente il narratore alla fine della serata?

7. Qual è la cosa che la coppia preferisce fare?

8. Cosa fa la coppia quando è stanca?

9. Dove dormono?

10. Perché al narratore piace stare a casa?

Caminhando para casa

Foi uma noite **tranquila** quando regressava a casa a pé do trabalho. Enquanto caminhava, não pude deixar de sorrir para as memórias. Senti-me bem por estar de volta ao meu antigo bairro. Acenei a algumas pessoas que conhecia, e elas acenaram de volta. Era bom estar em casa. Passei pela minha antiga escola e **lembrei-me de** todos os bons momentos que tive com os meus amigos. Íamos sempre a pé para casa juntos e falávamos do nosso dia. **Por vezes** parávamos para comer um gelado ou íamos para o parque. Esses eram os melhores tempos. Sentia saudades desses tempos. Mas agora tenho a minha própria família e estou feliz com a minha vida. Estou feliz por poder olhar para trás e sorrir. Fazem parte da minha vida que sempre acarinharei. Esses foram os melhores tempos. Tenho saudades desses tempos. Mas agora tenho a minha própria família e estou feliz com a minha vida. Estou feliz por poder olhar para trás e sorrir. Fazem parte da minha vida que sempre acarinharei.

Continuo a caminhar, pensando nos bons momentos que tive com os meus amigos. Sei que os verei novamente em breve. Dirijo-me para a minha casa e

Camminare verso casa

Era una notte **tranquilla** mentre tornavo a casa dal lavoro. Mentre camminavo, non potevo fare a meno di sorridere ai ricordi. Era bello tornare nel mio vecchio quartiere. Salutai alcune persone che conoscevo e loro ricambiarono il saluto. Era bello essere a casa. Passai davanti alla mia vecchia scuola e **ricordai** tutti i bei momenti passati con i miei amici. Tornavamo sempre a casa insieme e parlavamo della nostra giornata. **A volte ci** fermavamo a prendere un gelato o andavamo al parco. Erano i momenti migliori. Mi mancano quei momenti. Ma ora ho la mia famiglia e sono felice della mia vita. Sono felice di poter guardare indietro a quei ricordi e sorridere. Sono una parte della mia vita che conserverò per sempre. Erano i tempi migliori. Mi mancano quei tempi. Ma ora ho la mia famiglia e sono felice della mia vita. Sono felice di poter guardare indietro a quei **ricordi** e sorridere. Sono una parte della mia vita che conserverò per sempre.

Continuo a camminare, pensando ai bei momenti passati con i miei amici. So che li rivedrò presto. Mi dirigo verso casa e decido di passeggiare in un parco lì vicino. Il sole sta tramontando e il cielo sta diventando

decido caminhar por um parque próximo. O sol está a pôr-se e o céu está a ficar de uma **bela** cor laranja. O parque está vazio, excepto por alguns pássaros a chilrear nas árvores. **Respiro** fundo e sorrio. À medida que caminho pelo parque, vejo uma estrela cadente a atravessar o céu. Fiz um desejo sobre essa estrela, e continuei a caminhar. Penso no meu dia de trabalho e em como foi **tranquilo.** Sorrio para mim próprio, pensando na sorte que tenho em ter um trabalho tão bom. Caminho para casa, **sentindo** o ar fresco da noite na minha pele. Sinto-me tão vivo e feliz, apenas a desfrutar do simples acto de caminhar para casa numa noite tranquila. Senti-me tão bem, que comecei a **assobiar**. Passei por algumas pessoas na rua, mas todos eles estavam a cuidar dos seus próprios assuntos.

Virei a esquina para a minha rua e vi o gato do meu vizinho, o Sr. Whiskers, sentado no meu alpendre. Cumprimentei-o e ele miau de volta. **Destranquei a** minha porta e fui para dentro. Estava tão feliz por estar em casa. Tirei os meus sapatos e preparei-me para dormir. Fui para a cama nessa noite, sentindo-me feliz e grato, o meu coração cheio de amor. Dormi profundamente durante a noite, sem me preocupar com nada. Acordei de um sono descansado e fui **saudado** pelo sol a brilhar pela minha janela. Saí da cama e estiquei-me, respirando fundo e sentindo o ar fresco a encher-me os pulmões.

di un **bel** colore arancione. Il parco è vuoto, a parte qualche uccello che cinguetta tra gli alberi. Faccio un **respiro** profondo e sorrido. Mentre cammino nel parco, vedo una stella cadente che attraversa il cielo. Esprimo un desiderio su quella stella e continuo a camminare. Penso alla mia giornata di lavoro e a quanto sia stata **tranquilla**. Sorrido tra me e me, pensando a quanto sono fortunata ad avere un lavoro così bello. Cammino verso casa, **sentendo** l'aria fresca della notte sulla mia pelle. Mi sento così viva e felice, godendomi il semplice atto di tornare a casa in una notte tranquilla. Mi sentivo così bene che iniziai a **fischiettare**. Passai accanto ad alcune persone per strada, ma tutte si facevano gli affari loro.

Svoltato l'angolo della mia strada, vidi il gatto del mio vicino, Mr. Whiskers, seduto sul mio portico. Lo salutai e lui ricambiò il miagolio. **Aprii la** porta ed entrai. Ero così felice di essere a casa. Mi tolsi le scarpe e mi preparai per andare a letto. Quella sera andai a letto felice e grata, con il cuore pieno d'amore. Dormii profondamente per tutta la notte, senza preoccuparmi di nulla. Mi svegliai da un sonno ristoratore e fui **accolta** dal sole che entrava dalla finestra. Mi alzai dal letto e mi stiracchiai, facendo un respiro profondo e sentendo l'aria fresca riempirmi i polmoni.

Perguntas de compreensão

1. O que estava o protagonista a fazer quando a história começou?

2. Em que pensava o protagonista quando regressava a casa?

3. O que fazia o protagonista com os amigos depois das aulas?

4. O que é que o protagonista sente a falta desses tempos?

5. O que pensa o protagonista sobre a sua vida actual?

6. O que é que o protagonista faz quando vê uma estrela cadente?

7. Como é que o protagonista se sente quando caminha para casa?

8. O que é que o protagonista faz quando chega a casa?

9. Como é que o protagonista se sente quando acorda na manhã seguinte?

10. O que é que o protagonista faz no dia seguinte?

Domande di comprensione

1. Cosa stava facendo il protagonista quando è iniziata la storia?

2. A cosa pensava il protagonista mentre tornava a casa?

3. Cosa faceva il protagonista con gli amici dopo la scuola?

4. Cosa manca al protagonista di quei tempi?

5. Cosa pensa il protagonista della sua vita attuale?

6. Cosa fa il protagonista quando vede una stella cadente?

7. Come si sente il protagonista quando torna a casa?

8. Cosa fa il protagonista quando torna a casa?

9. Come si sente il protagonista quando si sveglia la mattina dopo?

10. Cosa fa il protagonista il giorno dopo?

O castelo

A família sempre quis visitar um velho castelo na **Alemanha**, e finalmente fizeram a viagem. Não ficaram **desapontados**. O castelo era bonito, e eles gostaram de explorar os seus muitos quartos e corredores. A primeira coisa que os atingiu foi o cheiro. Encontraram **bolor**, humidade, e outra coisa em que não conseguiam pôr o dedo. A segunda coisa era o som. As paredes de pedra são grossas, mas não matam completamente o som. Ouviram cada passo, cada palavra pronunciada com uma voz normal, e o gotejar ocasional de água **algures** ao longe. À medida que os seus olhos se ajustaram à luz fraca, viram paredes de pedra maciças a surgir à sua volta, tapeçarias penduradas nelas em farrapos **esfarrapados.** Estavam de pé num enorme salão com um tecto alto sustentado por pilares esculpidos. Também adoraram as vistas das torres, e as crianças divertiram-se imenso a correr à volta do terreno. O **sol** tinha começado a pôr-se quando acabaram de explorar o castelo, e lamentaram não terem trazido uma **lanterna.** Decidiram regressar à entrada, mas depressa se viram perdidos. Vaguearam durante o que lhes pareceu horas, até que finalmente se depararam com uma porta que conduzia para fora. Continuaram até **chegar** ao fim do corredor e chegaram a um conjunto imponente de

Il castello

La famiglia aveva sempre desiderato visitare un antico castello in **Germania** e finalmente ha intrapreso il viaggio. Non sono rimasti **delusi**. Il castello era bellissimo e si sono divertiti a esplorare le sue stanze e i suoi corridoi. La prima cosa che li colpì fu l'odore. Trovarono **muffa**, umidità e qualcos'altro che non riuscirono a definire con precisione. La seconda cosa è stata il suono. I muri di pietra sono spessi, ma non attutiscono completamente il suono. Sentirono ogni passo, ogni parola pronunciata con voce normale e l'occasionale gocciolio dell'acqua **da qualche parte** in lontananza. Quando i loro occhi si adattarono alla luce fioca, videro le massicce mura di pietra che incombevano intorno a loro, con gli arazzi appesi a **brandelli**. Si trovavano in un'enorme sala con un alto soffitto sostenuto da pilastri scolpiti. Anche a loro piaceva molto la vista che si godeva dalle torrette e i bambini si divertivano un mondo a correre per il parco. Quando finirono di esplorare il castello, il **sole** era già tramontato e si pentirono di non aver portato una **torcia**. Decisero di tornare all'ingresso, ma si persero subito. Vagarono per ore e ore, finché alla fine trovarono una porta che conduceva all'esterno. Proseguirono fino **alla** fine del corridoio e si trovarono davanti a un'imponente serie di doppie porte. Per

portas duplas. Por mais que tentassem, as portas não cediam. Balançam **sinistramente**, mas não se movem um centímetro. Parecia que quem esteve aqui antes devia ter passado por aqui e trancou-as por dentro. Eventualmente, eles encontram uma saída. O alívio passou por cima deles quando saíram para o ar fresco da noite.

O sol tinha começado a pôr-se, e **lamentaram** não terem trazido uma lanterna. Decidiram regressar à entrada, mas depressa se viram perdidos. Vaguearam durante o que lhes pareceu horas, até que finalmente se depararam com uma porta que conduzia para **fora**. O alívio passou por cima deles quando saíram para o ar fresco da noite. Na noite seguinte, certificaram-se de levar consigo uma lanterna enquanto exploravam o resto do castelo. Caminharam através do **pátio** e desceram até ao rio que corria atrás das muralhas do **castelo.** Enquanto caminhavam, começaram a ouvir ruídos estranhos. Parecia que alguém os estava a seguir. Aceleraram o seu ritmo, mas os ruídos tornaram-se mais altos e mais próximos. A família correu de volta ao castelo o mais depressa que pôde, e ficaram aliviados ao ver que a figura do manto **escuro** não os tinha seguido.

quanto potessero, le porte non si muovevano. Scricchiolano **minacciosamente**, ma non si muovono di un millimetro. Sembrava che chiunque fosse stato qui prima dovesse essere passato di qui e averle chiuse dall'interno. Alla fine trovano una via d'uscita. Il sollievo li invade mentre escono nell'aria fresca della notte.

Il sole aveva iniziato a tramontare e si **pentirono di non aver** portato una torcia elettrica. Decisero di tornare all'ingresso, ma presto si persero. Vagarono per ore e ore, finché alla fine trovarono una porta che conduceva all'**esterno**. Il sollievo li colse quando uscirono nell'aria fresca della notte. La sera successiva si assicurarono di portare con sé una torcia per esplorare il resto del castello. Attraversarono il **cortile** e scesero fino al fiume che scorreva dietro le mura del **castello**. Mentre camminavano, cominciarono a sentire strani rumori. Sembrava che qualcuno li stesse seguendo. Accelerarono il passo, ma i rumori diventavano sempre più forti e vicini. La famiglia tornò al castello il più velocemente possibile e si accorse con sollievo che la figura con il mantello **scuro** non li aveva seguiti.

Perguntas de compreensão

1. O que é que a família fez quando se perdeu no castelo?

2. Como se sentiu a família quando souberam que era apenas um homem local?

3. O que fez o homem que o levou a ser preso?

4. Qual foi a sentença para o homem?

5. Que barulho ouviu a família enquanto caminhava?

6. Onde estava a figura com o manto escuro quando a família o viu?

7. O que fez a família quando voltou para o seu quarto?

8. Quando é que a família foi explorar novamente o castelo?

9. Em que é que a família não conseguia pôr o dedo na ferida?

10. O que fez a família antes de voltar a explorar o castelo?

Domande di comprensione

1. Cosa fece la famiglia quando si perse nel castello?

2. Come si è sentita la famiglia quando ha scoperto che si trattava solo di un uomo del posto?

3. Che cosa ha fatto l'uomo che lo ha fatto arrestare?

4. Qual è stata la sentenza per l'uomo?

5. Quale rumore ha sentito la famiglia mentre camminava?

6. Dov'era la figura con il mantello scuro quando la famiglia lo vide?

7. Che cosa ha fatto la famiglia quando è tornata nella sua stanza?

8. Quando la famiglia è tornata a esplorare il castello?

9. Qual era la cosa che la famiglia non riusciva a capire?

10. Cosa fece la famiglia prima di tornare a esplorare il castello?

O Meu Jardim

O meu jardim é o meu lugar feliz. Vou lá todos os dias, chover ou brilhar, e passo tempo a cuidar das minhas plantas. Tenho um pouco de **tudo - vegetais**, frutos, flores, ervas. Tenho até algumas galinhas que ajudam a manter as pragas à distância. Começo os meus dias no jardim, recolhendo ovos das galinhas. Depois verifico os meus vegetais, certificando-me de que estão a receber água e sol suficientes. Colho os canteiros e apanho quaisquer insectos que possam estar **a atacar** as plantas. Depois de **tudo estar tratado**, sento-me e desfruto da paz e sossego da natureza.

Sempre adorei passar tempo no meu jardim. Há algo em estar rodeado pela natureza e por toda a **beleza que** ela tem para oferecer. Acho que é um lugar muito pacífico e calmante. Muitas vezes passo tempo no meu jardim apenas a relaxar e a apreciar a paisagem. Também gosto de trabalhar no meu jardim e de cultivar coisas. Tenho um jardim de muito bom tamanho, e gosto de cultivar uma variedade de coisas **diferentes** no mesmo. Cultivo flores, **vegetais** e ervas aromáticas. Também tenho algumas árvores de fruto que produzem algumas deliciosas maçãs, pêras e ameixas. Para além de cultivar coisas, também gosto de passar tempo apenas a passear pelo meu jardim, **admirando** todas

Il mio giardino

Il mio giardino è il mio luogo felice. Esco ogni giorno, con la pioggia o con il sole, e passo il tempo a curare le mie piante. Ho un po' di **tutto: verdure**, frutta, fiori, erbe aromatiche. Ho anche alcune galline che mi aiutano a tenere lontani i parassiti. Inizio le mie giornate in giardino raccogliendo le uova dalle galline. Poi controllo le verdure, assicurandomi che ricevano acqua e sole a sufficienza. Diserbo le aiuole e rimuovo gli insetti che potrebbero **attaccare** le piante. Una volta sistemato **tutto**, mi siedo e mi godo la pace e la tranquillità della natura.

Ho sempre amato trascorrere del tempo nel mio giardino. C'è qualcosa nell'essere circondati dalla natura e da tutta la **bellezza che** ha da offrire. Trovo che sia un luogo molto tranquillo e rilassante. Spesso trascorro il tempo nel mio giardino rilassandomi e godendomi il paesaggio. Mi piace anche lavorare nel mio giardino e coltivare. Ho un giardino di buone dimensioni e mi piace coltivare **diverse** cose. Coltivo fiori, **verdure** ed erbe aromatiche. Ho anche alcuni alberi da frutto che producono mele, pere e prugne deliziose. Oltre a coltivare, mi piace anche passare il tempo passeggiando nel mio giardino, **ammirando** tutte le piante e gli animali che lo abitano. Negli anni

as diferentes plantas e animais que lhe chamam casa. Tenho passado muitas horas ao longo dos anos a trabalhar para tornar o meu **jardim** num local que não só é bonito como também funcional. Gosto de ver os pássaros a voar e de os ouvir cantar. Por vezes até trago um livro e leio no jardim enquanto rodeado por toda a beleza que criei. **A jardinagem** é a minha paixão e traz-me tanta alegria. Todos os dias no meu jardim é um bom dia.

Uma das coisas que adoro fazer é cozinhar, por isso ter um jardim de ervas bem abastecido é muito **importante** para mim. Tomilho, manjericão, orégãos, alecrim, salva, e alfazema são apenas algumas das ervas que gosto de cultivar no meu jardim para poder usá-las ao cozinhar refeições para mim ou para os **hóspedes.** Outra coisa que é importante para mim quando se trata do meu jardim é ter a certeza de que há muita cor em todo ele. Para atingir este objectivo, cultivo uma grande variedade de flores, incluindo **rosas**, lírios, margaridas, tulipas, impacientes, calêndulas, etc. Para além de acrescentar cor com flores, também gosto de acrescentar interesse, utilizando diferentes **texturas** em todo o jardim. Por exemplo, posso plantar samambaias debaixo de girassóis ou hostas **ao lado de** gramíneas ornamentais pontiagudas. Não importa o que mais possa estar a acontecer na vida, trabalhar no meu jardim **consegue** sempre ajudar-me a sentir-me mais ligado à natureza e em paz comigo mesmo.

ho trascorso molte ore a lavorare per rendere il mio **giardino** un luogo non solo bello ma anche funzionale. Mi piace osservare gli uccelli che svolazzano in giro e ascoltarli cantare. A volte tiro fuori un libro e leggo in giardino, circondata da tutta la bellezza che ho creato. Il **giardinaggio** è la mia passione e mi porta tanta gioia. Ogni giorno nel mio giardino è un buon giorno.

Una delle cose che amo fare è cucinare, quindi avere un giardino di erbe aromatiche ben fornito è molto **importante** per me. Timo, basilico, origano, rosmarino, salvia e lavanda sono solo alcune delle erbe che mi piace coltivare nel mio giardino per poterle usare quando cucino per me o per gli **ospiti**. Un'altra cosa importante per me quando si tratta del mio giardino è assicurarmi che ci sia molto colore in tutto il giardino. Per raggiungere questo obiettivo, coltivo una grande varietà di fiori, tra cui **rose**, gigli, margherite, tulipani, impatiens, calendule, ecc. Oltre ad aggiungere colore con i fiori, mi piace anche aggiungere interesse utilizzando diverse **texture** in tutto il giardino. Per esempio, potrei piantare felci sotto imponenti girasoli o hosta **accanto a** spigolose erbe ornamentali. Indipendentemente da ciò che accade nella vita, lavorare nel mio giardino **riesce** sempre a farmi sentire più connessa con la natura e in pace con me stessa.

Perguntas de compreensão

1. Onde está o jardim do autor?

2. Quantas galinhas tem o autor?

3. O que faz o autor no jardim todos os dias?

4. Porque é que o autor gosta do jardim?

5. Que ervas plantam o autor no jardim?

6. Porque é importante para o autor que haja muitas cores no seu jardim?

7. Como é que o autor traz variedade ao seu jardim?

8. Como é que o autor se sente quando trabalha no seu jardim?

9. O que faz o autor sentir-se ligado quando está no seu jardim?

10. Porque é que todos os dias no jardim do autor é um bom dia?

Domande di comprensione

1. Dove si trova il giardino dell'autore?

2. Quanti polli ha l'autore?

3. Che cosa fa l'autore in giardino ogni giorno?

4. Perché all'autore piace il giardino?

5. Quali sono le erbe che l'autore pianta nel giardino?

6. Perché è importante per l'autore che ci siano molti colori nel suo giardino?

7. Come fa l'autore a dare varietà al suo giardino?

8. Come si sente l'autore quando lavora nel suo giardino?

9. Cosa fa sentire l'autore in sintonia quando è nel suo giardino?

10. Perché ogni giorno nel giardino dell'autore è un buon giorno?

Ir às compras

Adoro ir às **compras** no centro comercial. É sempre tão divertido passear e olhar para todas as diferentes lojas. Há algo para todos no centro comercial, e é sempre um óptimo local para encontrar ofertas de roupas, sapatos e acessórios. **Normalmente** começo a minha viagem de compras caminhando pela **entrada** principal do centro comercial. De lá, dirijo-me primeiro às minhas lojas favoritas. Depois de olhar através dessas lojas, vou dar uma volta e ver se há vendas noutros locais. Normalmente acabo por passar algumas horas no centro comercial antes de finalmente fazer as minhas compras. Gosto sempre de me demorar nas compras **porque** quero ter a certeza de que estou a receber **exactamente** o que quero. Além disso, é apenas mais divertido assim!

Acho sempre tão **fascinante** para as pessoas assistir enquanto estou no centro comercial. Pode-se realmente dizer muito sobre uma pessoa pela forma como ela faz compras. Algumas pessoas são muito metódicas e levam o seu tempo, enquanto outras parecem apenas agarrar **o que** podem e dirigir-se para a caixa o mais rápido possível. Há também aqueles compradores que parecem mais interessados em falar ao telemóvel ou enviar mensagens de texto do que

Fare shopping

Mi piace andare **a fare shopping al** centro commerciale. È sempre molto divertente passeggiare e guardare tutti i diversi negozi. Al centro commerciale ce n'è per tutti i gusti ed è sempre un ottimo posto per trovare offerte su vestiti, scarpe e accessori. **Di solito** inizio il mio shopping attraversando l'**ingresso** principale del centro commerciale. Da lì, mi dirigo prima verso i miei negozi preferiti. Dopo aver dato un'occhiata a quei negozi, vado in giro a vedere se ci sono saldi in corso in altri posti. Di solito trascorro un paio d'ore nel centro commerciale prima di fare i miei acquisti. Mi piace sempre prendermi il tempo necessario per fare shopping**, perché** voglio essere sicura di acquistare **esattamente** ciò che voglio. In più, così è più divertente!

Trovo sempre molto **affascinante** osservare le persone mentre sono al centro commerciale. Si può capire molto di una persona dal modo in cui fa acquisti. Alcune persone sono molto metodiche e si prendono il loro tempo, mentre altre sembrano prendere **tutto quello che** possono e dirigersi alla cassa il più velocemente possibile. Ci sono anche quelli che sembrano più interessati a parlare al cellulare o a mandare messaggi piuttosto che guardare la merce! A prescindere dal tipo

realmente olhar para qualquer uma das mercadorias! Não importa que tipo de comprador seja, no entanto, todos parecem gostar de comprar à janela - mesmo que não comprem realmente nada. Há apenas algo em olhar para todas as coisas bonitas nas **montras da** loja que me faz feliz. Por vezes fantasio sobre como seria se pudesse pagar **tudo o que** vejo! Em suma, passar um dia a fazer compras no centro comercial é um dos meus passatempos favoritos. É uma óptima maneira de relaxar e descontrair enquanto também faço um pouco de exercício (se andar por aí o suficiente). Além disso, é **sempre** bom tratarmo-nos de vez em quando com uma camisa ou um par de sapatos novos!

Tive um **longo** dia de trabalho e finalmente tive algum tempo para mim, por isso decidi ir às compras no centro comercial. Precisava de algumas roupas novas para a **próxima** estação. Assim que entrei, vi todas as luzes brilhantes e frentes de loja brilhantes. Dirigi-me primeiro à minha loja favorita e comecei a folhear as prateleiras. Encontrei alguns tops giros e experimentei-os no camarim. Enquanto me olhava ao espelho, ouvi alguém a entrar no **camarim** ao lado do meu. Reconheci a sua voz como um dos meus colegas de trabalho. Cumprimentamo-nos e começámos a conversar sobre trabalho. Após alguns minutos, ambos terminámos e seguimos caminhos **separados**, mas depois encontrámo-nos de novo mais tarde.

di acquirente, però, sembra che a tutti piaccia guardare le vetrine, anche se non si compra nulla. C'è qualcosa che mi rende felice nel guardare tutte le belle cose nelle **vetrine** dei negozi. A volte fantastico su come sarebbe se potessi permettermi **tutto quello che** vedo! Tutto sommato, trascorrere una giornata di shopping al centro commerciale è uno dei miei passatempi preferiti. È un ottimo modo per rilassarsi e distendersi, facendo anche un po' di esercizio fisico (se si cammina abbastanza). Inoltre, è **sempre** bello concedersi una camicia o un paio di scarpe nuove ogni tanto!

Ho avuto una **lunga** giornata di lavoro e finalmente avevo un po' di tempo per me, così ho deciso di andare a fare shopping al centro commerciale. Mi servivano dei vestiti nuovi per la **prossima** stagione. Appena sono entrata, ho visto tutte le luci e le vetrine scintillanti. Mi sono diretta prima al mio negozio preferito e ho iniziato a sfogliare gli scaffali. Ho trovato alcuni top carini e li ho provati nel camerino. Mentre mi guardavo allo specchio, sentii qualcuno entrare nel **camerino** accanto al mio. Ho riconosciuto la sua voce come quella di una mia collega. Ci siamo salutati e abbiamo iniziato a chiacchierare di lavoro. Dopo qualche minuto, entrambi abbiamo finito e siamo andati per la **nostra** strada, ma ci siamo incontrati di nuovo più tardi.

Perguntas de compreensão

1. Onde gosta mais de armazenar?

2. Qual é a sua loja preferida no centro comercial?

3. Quanto tempo costuma ficar no centro comercial?

4. O que pensa das pessoas que passam muito tempo no centro comercial?

5. Qual é a sua coisa favorita a fazer no centro comercial?

6. Já alguma vez comprou alguma coisa no centro comercial quando não precisava realmente dela?

7. Como reage quando vê algo no centro comercial que realmente gostaria, mas que é demasiado caro?

8. Alguma vez viu algo no centro comercial e perguntou-se quem o iria comprar?

9. Qual é a sua opinião sobre as pessoas que estão ocupadas com os seus telemóveis no centro comercial em vez de olharem para as lojas?

Domande di comprensione

1. Dove vi piace di più conservare?

2. Qual è il vostro negozio preferito nel centro commerciale?

3. Quanto tempo si ferma di solito al centro commerciale?

4. Cosa pensa delle persone che trascorrono molto tempo al centro commerciale?

5. Qual è la cosa che preferite fare al centro commerciale?

6. Avete mai comprato qualcosa al centro commerciale quando non ne avevate davvero bisogno?

7. Come reagite quando al centro commerciale vedete qualcosa che vi piacerebbe molto, ma che costa troppo?

8. Avete mai visto qualcosa al centro commerciale e vi siete chiesti chi lo avrebbe comprato?

9. Qual è la sua opinione sulle persone che al centro commerciale sono impegnate con il cellulare invece di guardare i negozi?

No Mercado

Acordo cedo no sábado de manhã, ansioso por chegar ao **mercado** antes que este fique demasiado lotado. Atiro algumas roupas e saio pela porta, agarrando os meus sacos reutilizáveis no caminho. À medida que caminho, começo a planear o que quero fazer para a semana que se avizinha. Sei que quero **assar** vegetais pelo menos uma vez, por isso terei de comprar alguns vegetais de boa qualidade. Também quero fazer uma sopa ou um guisado, por isso também vou precisar de comprar alguma carne. Terei de ver o que parece bom quando lá chegar. O mercado está apenas a alguns quarteirões de distância, e já posso ver as bancas montadas e as **pessoas** a moer por aí.

Chego ao mercado e dirijo-me directamente para a banca de vegetais. A selecção é linda, e encho os meus sacos com uma variedade de produtos **frescos.** Converso um pouco com o agricultor, e ele recomenda-me algumas receitas. Estou entusiasmado por experimentá-las. Converso com os **agricultores** enquanto faço compras, conhecendo-os e aos seus produtos. Depois de ter todos os legumes que preciso, passo à secção de carne. Estou um pouco mais hesitante aqui, pois não tenho a certeza do que quero obter. Acabo por decidir sobre o frango porque é

Al mercato

Mi sveglio presto il sabato mattina, desiderosa di andare al **mercato** prima che sia troppo affollato. Mi infilo i vestiti e mi avvio verso la porta, prendendo le mie borse riutilizzabili. Mentre cammino, inizio a pianificare quello che voglio fare per la settimana a venire. So che voglio **arrostire le** verdure almeno una volta, quindi dovrò comprare delle verdure di buona qualità. Voglio anche fare una zuppa o uno stufato, quindi dovrò comprare anche della carne. Dovrò vedere cosa c'è di buono quando arriverò lì. Il mercato è a pochi isolati di distanza e vedo già le bancarelle allestite e la **gente** che vi si aggira.

Arrivo al mercato e mi dirigo subito verso il banco delle verdure. La scelta è bellissima e riempio le mie borse con una grande varietà di prodotti **freschi**. Parlo un po' con il contadino e mi consiglia alcune ricette. Non vedo l'ora di provarle. Mentre faccio la spesa, chiacchiero con i **contadini** per conoscere meglio loro e i loro prodotti. Dopo aver preso tutte le verdure che mi servono, passo al reparto carne. Qui sono un po' più titubante, perché non sono sicuro di quello che voglio prendere. Alla fine scelgo il pollo, perché è versatile e può essere utilizzato in diversi piatti. Compro anche alcuni tagli di carne diversi, assicurandomi di prendere

versátil e pode ser utilizado numa variedade de pratos. Também compro alguns cortes diferentes de carne, certificando-me de obter carne de vaca alimentada com erva e **frango** ao ar livre. O carniceiro era um homem amigável, sempre alegre apesar das longas horas de trabalho. Ele embrulhou os meus peitos de frango e bife antes de me falar dos seus planos para o fim-de-semana. Despedi-me dele e continuei o meu caminho. Também peguei em alguns ovos e queijo da secção de lacticínios.

O mercado estava agitado com pessoas, todas elas ansiosas por deitar **as mãos** aos produtos frescos e à carne que estavam à venda. O ar era espesso com o cheiro de alho e cebola, e o som do riso e da conversa enchia o ar. Fiz o meu caminho através da multidão, escolhendo os outros artigos de que precisava para a minha loja semanal. Enchi o meu **cesto** com fruta e legumes, massa e pão, antes de me dirigir para a caixa. A fila era longa, mas moveu-se rapidamente. Finalmente, foram compradas as últimas **mercearias**, e estava na hora de ir para casa. O carro foi carregado, e a viagem para casa foi longa e aborrecida. O trânsito estava pesado e o calor era opressivo. Finalmente, o carro foi puxado para a entrada e o relevo era palpável. A casa estava fresca e tranquila, e era um refúgio depois da **azáfama** do mercado. Tudo foi arrumado, e a casa logo voltou à sua paz e sossego habituais.

carne di manzo nutrita con erba e **pollo** allevato all'aperto. Il macellaio era un uomo cordiale, sempre allegro nonostante le lunghe ore di lavoro. Mi ha incartato i petti di pollo e la bistecca prima di parlarmi dei suoi programmi per il fine settimana. Lo salutai e proseguii per la mia strada. Ho preso anche delle uova e del formaggio dal reparto latticini.

Il mercato era pieno di gente, tutti desiderosi di mettere le **mani sui** prodotti freschi e sulla carne che venivano offerti. Nell'aria si sentiva l'odore dell'aglio e delle cipolle, e il suono delle risate e delle conversazioni riempiva l'aria. Mi feci strada tra la folla, scegliendo gli altri articoli necessari per la mia spesa settimanale. Riempii il mio **cestino** di frutta e verdura, pasta e pane, prima di dirigermi alla cassa. La fila era lunga, ma si snodava rapidamente. Finalmente gli ultimi acquisti furono fatti ed era ora di tornare a casa. L'auto fu caricata e il viaggio verso casa fu lungo e noioso. Il traffico era intenso e il caldo opprimente. Alla fine l'auto entrò nel vialetto e il sollievo fu palpabile. La casa era fresca e silenziosa ed era un rifugio dopo il **trambusto** del mercato. Tutto fu messo a posto e la casa tornò presto alla sua solita pace e tranquillità.

Perguntas de compreensão

1. Para onde vai a pessoa?

2. O que é que a pessoa quer comprar?

3. Quantos sacos é que a pessoa tem?

4. A que distância está o mercado?

5. O que é que a pessoa está a fazer neste momento?

6. O que está tudo no mercado?

7. Quantas pessoas se encontram no mercado?

8. Quanto tempo demorou a pessoa a comprar tudo?

9. Como é que a pessoa regressou a casa?

10. O que é que a pessoa fez quando chegou a casa?

Domande di comprensione

1. Dove sta andando la persona?

2. Cosa vuole comprare la persona?

3. Quante borse ha la persona?

4. Quanto è lontano il mercato?

5. Cosa sta facendo la persona in questo momento?

6. Che cos'è il mercato?

7. Quante persone ci sono nel mercato?

8. Quanto tempo ha impiegato la persona a comprare tutto?

9. Come è tornata a casa la persona?

10. Cosa ha fatto la persona quando è tornata a casa?

Num Café

Era uma manhã fria de **Outono**, e eu tinha combinado encontrar-me com a minha amiga Lily no nosso café preferido para um café. Embrulhei-me quente no meu casaco e lenço e parti. As folhas estavam a cair das árvores e o ar tinha um beliscão, mas o sol brilhava e prometia ser um belo dia. Enquanto caminhava, **pensei** em como era bom ter uma amiga como a Lily. Tínhamos sido amigos durante anos, desde que nos conhecemos na **universidade**. Tivemos laços por causa do nosso amor pelo café e por passar tempo a conversar em cafés. Apesar de vivermos agora em diferentes partes da cidade, ainda assim conseguimos encontrar-nos para tomar café uma vez por semana. Cheguei ao café, e Lily já estava lá, à minha espera. Abraçámo-nos e depois encomendámos os nossos cafés. Encontrámos uma mesa junto à janela e instalámo-nos para conversar. O **café** estava delicioso, como sempre, e foi tão bom apanhar a Lily. Falámos da nossa semana, dos nossos empregos, e dos nossos planos para o futuro. Foi sempre tão fácil falar com a Lily, e senti que podia dizer-lhe tudo. Passado algum tempo, começámos a ter fome e **decidimos** encomendar alguma comida.

Encomendámos a nossa comida e encontrámos um

In un caffè

Era una fredda mattina **d'autunno** e avevo fissato un appuntamento con la mia amica Lily al nostro bar preferito per un caffè. Mi avvolsi al caldo nel cappotto e nella sciarpa e mi avviai. Le foglie cadevano dagli alberi e l'aria era pungente, ma il sole splendeva e prometteva di essere una bella giornata. Mentre camminavo, **pensavo** a quanto fosse bello avere un'amica come Lily. Eravamo amiche da anni, da quando ci eravamo conosciute all'**università**. Avevamo legato per il nostro amore per il caffè e per il tempo trascorso a chiacchierare nei bar. Anche se ora vivevamo in zone diverse della città, riuscivamo comunque a vederci per un caffè una volta alla settimana. Arrivai al caffè e Lily era già lì ad aspettarmi. Ci salutammo con un abbraccio e poi ordinammo i nostri caffè. Trovammo un tavolo vicino alla finestra e ci sedemmo a chiacchierare. Il **caffè** era delizioso, come sempre, ed è stato così bello recuperare il tempo perduto con Lily. Parlammo della nostra settimana, dei nostri lavori e dei nostri progetti per il futuro. Era sempre così facile parlare con Lily e mi sembrava di poterle dire tutto. Dopo un po' cominciammo ad avere fame e **decidemmo** di ordinare qualcosa da mangiare.

Ordinammo il cibo e trovammo posto vicino alla

lugar junto à janela. O sol brilhava através da janela, fazendo tudo sentir-se quente e feliz. Conversamos enquanto comíamos a nossa comida, desfrutando do simples prazer de estarmos na **companhia** um do outro. O café estava ocupado, mas não se sentia apinhado. Havia uma sensação de paz e contentamento no ar. Ao terminarmos a nossa comida, sentámo-nos durante mais algum tempo, apenas desfrutando da **atmosfera** pacífica. Falámos durante algum tempo sobre coisas diferentes que tinham acontecido nas nossas vidas. Foi tão bom apanhar o meu amigo e simplesmente **relaxar**. O sol brilhava pela janela, e parecia que **nada** podia arruinar o nosso dia perfeito.

De repente, ouvi um estrondo alto. Virei-me para ver que um homem tinha caído pelo tecto e estava deitado no chão à nossa frente. Estava **coberto** de poeira e detritos e parecia estar inconsciente. O meu amigo e eu estávamos ambos em choque quando olhámos fixamente para o homem deitado no chão. Não sabíamos o que fazer ou a quem pedir ajuda. Ficámos ali sentados a olhar para ele, sem saber o que fazer. Passados alguns minutos, saí de lá e liguei para o 112. O operador disse-me que alguém iria estar lá em breve. Desliguei o telefone e disse ao meu amigo o que a **telefonista** tinha dito. Ficámos ambos ali sentados à espera de ajuda para chegar.

finestra. Il sole entrava dalla finestra, rendendo tutto più caldo e felice. Chiacchierammo mentre mangiavamo, godendoci il semplice piacere di stare in **compagnia**. Il caffè era affollato, ma non sembrava affollato. C'era una sensazione di pace e soddisfazione nell'aria. Finito il cibo, ci sedemmo ancora per un po', godendoci l'**atmosfera** tranquilla. Abbiamo parlato per un po' di cose diverse che stavano accadendo nelle nostre vite. È stato così bello recuperare il tempo perduto con la mia amica e **rilassarsi**. Il sole splendeva attraverso la finestra e sembrava che **nulla** potesse rovinare la nostra giornata perfetta.

All'improvviso sentii un forte schianto. Mi girai e vidi che un uomo era caduto dal soffitto e giaceva sul pavimento di fronte a noi. Era **coperto** di polvere e detriti e sembrava privo di sensi. Io e il mio amico eravamo entrambi sotto shock mentre fissavamo l'uomo steso sul pavimento. Non sapevamo cosa fare o chi chiamare aiuto. Rimanemmo lì a fissarlo, senza sapere cosa fare. Dopo qualche minuto mi sono ripreso e ho chiamato il 911. L'operatore mi disse che qualcuno sarebbe arrivato presto. Riattaccai il telefono e raccontai al mio amico quello che mi aveva detto l'**operatore**. Rimanemmo entrambe sedute ad aspettare l'arrivo dei soccorsi.

Perguntas de compreensão

1. De onde vem o homem que cai pelo telhado?

2. Porque está a mulher com o seu amigo no café?

3. Qual é o café favorito dos dois amigos?

4. Há quanto tempo é que os dois amigos se conhecem?

5. Qual é a bebida preferida dos dois amigos?

6. Em que cidade vivem os dois amigos?

7. Com que frequência é que os dois amigos se encontram?

8. De que falam os dois amigos quando se encontram pela primeira vez no seu café favorito?

9. Qual é a comida preferida dos dois amigos?

10. Porque é tão fácil falar com a Lily?

Domande di comprensione

1. Da dove viene l'uomo che cade dal tetto?

2. Perché la donna è con la sua amica nel caffè?

3. Qual è il caffè preferito dai due amici?

4. Da quanto tempo i due amici si conoscono?

5. Qual è la bevanda preferita dai due amici?

6. In quale città vivono i due amici?

7. Quanto spesso si incontrano i due amici?

8. Di cosa parlano i due amici quando si incontrano per la prima volta nel loro caffè preferito?

9. Qual è il cibo preferito dai due amici?

10. Perché è così facile parlare con Lily?

Ir a Nadar

A piscina foi sempre um lugar **refrescante**, e hoje não era diferente. O sol brilhava e a água parecia convidativa. Respirei fundo e mergulhei, sentindo o abraço fresco da água. Nadei durante algum tempo, apreciando o exercício e a oportunidade de limpar a minha cabeça. Passado algum tempo, saí e sequei, depois sentei-me numa toalha para relaxar ao sol. Fechei os olhos e deixei que o **calor** se lavasse sobre mim, sentindo que os meus músculos começavam a relaxar. De repente, ouvi um salpico e abri os olhos para ver a minha irmãzinha **a remar na** ponta rasa. Sorri e observei-a durante algum tempo, depois levantei-me e caminhei até ela. Conversamos um pouco e remámos juntos, desfrutando da companhia um do outro. Em breve, os nossos pais juntaram-se a nós, e passámos o resto da tarde a nadar e a jogar jogos juntos. Foi sempre tão agradável passar tempo com a família na piscina. Há **algo** sobre estar na água que apenas parece aproximar as pessoas. Talvez seja porque somos todos iguais quando estamos na água - não podemos esconder as nossas falhas ou fingir que somos algo que não somos. Ou talvez seja apenas porque é divertido! **Seja qual for** a razão, fiquei contente por nos podermos juntar todos e desfrutar da companhia uns dos outros num lugar tão especial.

Andare a nuotare

La piscina era sempre un luogo **rinfrescante** e oggi non era diverso. Il sole splendeva e l'acqua sembrava invitante. Feci un respiro profondo e mi tuffai, sentendo il fresco abbraccio dell'acqua. Nuotai per un po', godendomi l'esercizio e la possibilità di schiarirmi le idee. Dopo un po' uscii e mi asciugai, poi mi sedetti su un asciugamano per rilassarmi al sole. Chiusi gli occhi e lasciai che il **calore** mi avvolgesse, sentendo i miei muscoli iniziare a rilassarsi. All'improvviso sentii uno spruzzo e aprii gli occhi per vedere la mia sorellina **che sguazzava** nel basso fondale. Sorrisi e la osservai per un po', poi mi alzai e mi avvicinai a lei. Chiacchierammo per un po' e pagaiarono insieme, godendo della reciproca compagnia. Presto i nostri genitori ci raggiunsero e passammo il resto del pomeriggio nuotando e giocando insieme. Era sempre così bello passare del tempo con la famiglia in piscina. C'è **qualcosa** nello stare in acqua che sembra unire le persone. Forse perché quando siamo in acqua siamo tutti uguali, non possiamo nascondere i nostri difetti o fingere di essere ciò che non siamo. O forse è solo perché è divertente! **Qualunque sia** la ragione, mi ha fatto piacere che ci siamo riuniti tutti insieme e che ci siamo goduti la reciproca compagnia in un luogo così speciale.

O sol estava a bater na minha pele e o cheiro a cloro estava no ar. Conseguia ouvir os sons das crianças a rir e a salpicar na piscina. Estava deitado numa cadeira de **descanso** ao lado da piscina, deitando-me ao sol e **aproveitando** o dia. Tinha os olhos fechados e estava prestes a adormecer quando ouvi alguém a caminhar até mim. Abri os olhos e vi uma mulher de pé ao meu lado. Ela estava a usar um biquíni e tinha uma toalha enrolada à volta da cintura. Ela tinha cabelo loiro comprido e olhos azuis. Ela segurava uma garrafa de **protector solar** na mão. "Importa-se que lhe ponha protector solar nas costas?", perguntou ela. "Não, está bem", disse eu, sentada para que ela pudesse alcançar as minhas costas. Senti as mãos dela na minha pele enquanto ela aplicava o protector solar.

O seu toque era suave e o aroma do protector solar era suavizante. Voltei a fechar os olhos e deixei-me relaxar. Conseguia ouvir o **som** dela a mexer-se, mas não abri os olhos. Fiquei contente apenas deitado ao sol, a ouvir o som das ondas **a baterem** contra a costa. Passados alguns minutos, ela afastou-se, e eu abri os olhos. Observei-a enquanto voltava para a sua cadeira de descanso e pegava no seu livro. Ela instalou-se na sua cadeira e começou a ler. Voltei a fechar os olhos e deixei-me adormecer à deriva. **Sonhei** que estava a nadar na piscina, a dar voltas para trás e para a frente.

Il sole batteva sulla mia pelle e l'odore di cloro era nell'aria. Sentivo il rumore dei bambini che ridevano e sguazzavano nella piscina. Ero sdraiata su una sedia a **sdraio** accanto alla piscina, a prendere il sole e a **godermi la** giornata. Avevo gli occhi chiusi e stavo per addormentarmi quando sentii qualcuno avvicinarsi a me. Aprii gli occhi e vidi una donna in piedi accanto a me. Indossava un bikini e aveva un asciugamano avvolto intorno alla vita. Aveva lunghi capelli biondi e occhi azzurri. Aveva in mano un flacone di **crema solare**. "Ti dispiace se ti metto un po' di crema solare sulla schiena?", mi chiese. "No, va bene", risposi, sedendomi in modo che potesse raggiungermi la schiena. Sentii le sue mani sulla mia pelle mentre applicava la crema solare.

Il suo tocco era delicato e il profumo della crema solare era rilassante. Chiusi di nuovo gli occhi e mi rilassai. Sentivo il **rumore** dei suoi movimenti, ma non aprii gli occhi. Mi accontentai di stare sdraiato al sole, ascoltando il rumore delle onde **che si infrangevano** sulla riva. Dopo qualche minuto si allontanò e io aprii gli occhi. La guardai mentre tornava alla sua poltrona e prendeva il suo libro. Si sistemò sulla sedia e iniziò a leggere. Chiusi di nuovo gli occhi e mi lasciai andare al sonno. **Sognai** che stavo nuotando in piscina, facendo dei giri avanti e indietro.

Perguntas de compreensão

1. Onde estava o narrador quando começou a história?

2. O que cheira o narrador quando abre os olhos?

3. O que é que o narrador ouve quando abre os olhos?

4. De quem é o protector solar que a mulher dá ao narrador?

5. Com o que é que o narrador está a sonhar?

6. Porque é que nadar no mar é tão especial para o narrador?

7.Como se sente a água em que o narrador nada?

8. O que é que o narrador vê quando sai da água?

9. O que é que a mulher faz depois de colocar o protector solar no narrador?

10. De que falam o narrador e a mulher no final da história?

Domande di comprensione

1. Dove si trovava il narratore quando ha iniziato la storia?

2. Che odore sente il narratore quando apre gli occhi?

3. Cosa sente il narratore quando apre gli occhi?

4. Di chi è la crema solare che la donna dà al narratore?

5. Che cosa sogna il narratore?

6. Perché il bagno in mare è così speciale per il narratore?

7.Come si sente l'acqua in cui nuota il narratore?

8. Cosa vede il narratore quando esce dall'acqua?

9. Cosa fa la donna dopo aver messo la crema solare al narratore?

10. Di che cosa parlano il narratore e la donna alla fine della storia?

Corte da relva

São 10 da manhã de um **sábado de** Verão, e o sol já está a bater impiedosamente. Atira-se à garagem para ir buscar o cortador de relva, sentindo-se como se estivesse a ser **condenado** a trabalhos forçados. Começa-se a cortar a relva, certificando-se de ir devagar e com cuidado para não faltar nenhum ponto. Ao cortar a relva, pensa-se em como é bom estar lá fora no ar fresco. Quando se começa a empurrar o cortador de relva para trás e para a frente através do relvado, vê-se o seu vizinho pelo canto do **olho**. Acena-se e diz-se olá, e ele acena para trás.

Passados alguns minutos, está acabado, e dirige-se à casa do seu vizinho para tomar uma cerveja com ele no jardim da frente. É um dia **perfeito** - não demasiado quente, com uma brisa suave a soprar. Senta-se à sombra da árvore, bebe a sua cerveja e conversa com o seu vizinho. São dias como este que o fazem apreciar o Verão. Depois **vai para** dentro para uma cerveja bem merecida. Atira-se para uma cadeira na varanda da frente e abre-se a lata, deixando sair um suspiro de contentamento. O som do cortador de relva desvanece-se para o fundo enquanto se relaxa à sombra, desfrutando da **tranquilidade** do momento. A cerveja tem um sabor extra bom depois de todo aquele

Tagliare il prato

Sono le 10 del mattino di un **sabato** estivo e il sole picchia già senza pietà. Si va in garage a prendere il tosaerba, con la sensazione di essere **condannati** ai lavori forzati. Iniziate a tagliare il prato, facendo attenzione ad andare piano per non perdere nessun punto. Mentre si taglia, si pensa a quanto sia bello stare all'aria aperta. Mentre iniziate a spingere il tosaerba avanti e indietro per il prato, con la coda dell'**occhio** vedete il vostro vicino. Lo salutate con la mano e lui ricambia.

Dopo qualche minuto, avete finito e vi recate a casa del vostro vicino per bere una birra con lui nel giardino davanti a casa. È una giornata **perfetta**: non fa troppo caldo e soffia una leggera brezza. Ci si siede all'ombra dell'albero, sorseggiando la birra e chiacchierando con il vicino. Sono giornate come questa che fanno apprezzare l'estate. Poi si **entra** in casa per una meritata birra. Ci si sdraia su una sedia del portico e si apre la lattina, tirando un sospiro soddisfatto. Il rumore del tosaerba passa in secondo piano mentre vi rilassate all'ombra, godendovi la **tranquillità del** momento. La birra ha un sapore ancora più buono dopo tutto quel duro lavoro al caldo. Stavo per rientrare in casa quando ho sentito un rumore nella stanza accanto.

trabalho árduo no calor. Estava prestes a ir para dentro quando ouvi um barulho ao lado.

Parecia que alguém estava a chorar. Parei de cortar relva e caminhei até à vedação que separava os nossos pátios. Olhei para cima e vi a minha vizinha, a Sra. Johnson, a chorar no seu baloiço de alpendre. Chamei-a, mas ela não me ouviu. Subi a cerca e caminhei até ela. "Sra. Johnson, a senhora está bem?" perguntei-lhe eu. Ela olhou para mim com lágrimas nos olhos e abanou a cabeça. "Não, eu não estou bem", disse ela. "O meu gato morreu ontem". Eu fiquei chocada. Eu não sabia o que dizer. Fiquei ali de pé de forma estranha, sem saber o que fazer. Finalmente, pus a minha mão no seu **ombro** e disse: "Lamento imenso, Sra. Johnson. Se houver alguma coisa que eu possa fazer para ajudar, por favor digam-me. "Ela abanou a cabeça e disse: "Não, não há **nada** que alguém possa fazer". Depois levantou-se e foi para dentro da sua casa. Eu fiquei ali parada por um momento, sem saber o que fazer. Depois voltei a cortar a minha relva. Quando terminei, não pude deixar de pensar na Sra. Johnson e no seu gato.

Sembrava che qualcuno stesse piangendo. Smisi di falciare e mi avvicinai alla recinzione che separava i nostri cortili. Mi affacciai e vidi la mia vicina, la signora Johnson, che piangeva sul dondolo del suo portico. La chiamai, ma non mi sentì. Scavalcai la recinzione e mi avvicinai a lei. “Signora Johnson, sta bene?”. Le chiesi. Lei mi guardò con le lacrime agli occhi e scosse la testa. “No, non sto bene”, disse. “Ieri è morto il mio gatto”. Ero scioccato. Non sapevo cosa dire. Rimasi lì impacciato, senza sapere cosa fare. Alla fine le misi una mano sulla **spalla** e dissi: “Mi dispiace molto, signora Johnson. Se posso fare qualcosa per aiutarla, me lo faccia sapere”. “Lei scosse la testa e disse: “No, nessuno può fare **niente**”. Poi si alzò ed entrò in casa sua. Rimasi lì per un momento, senza sapere cosa fare. Poi tornai a tagliare il prato. Mentre finivo, non potei fare a meno di pensare alla signora Johnson e al suo gatto.

Perguntas de compreensão

1. Que horas são?

2. Onde está a pessoa a cortar relva?

3. Como é que a pessoa se sente?

4. Porque é que a pessoa tem de cortar lentamente?

5. Que tipo de tempo é este?

6. O que é que a pessoa está a fazer após o corte?

7. O que é que a pessoa ouve antes de ir para casa?

8. Whois com a Sra. Johnson?

9. Porque é que a Sra. Johnson está a chorar?

10. O que é que a pessoa diz à Sra. Johnson?

Domande di comprensione

1. Che ora è?

2. Dove si trova la persona che sta falciando?

3. Come si sente la persona?

4. Perché la persona deve falciare lentamente?

5. Che tempo fa?

6. Cosa fa la persona dopo la falciatura?

7. Cosa sente la persona prima di tornare a casa?

8. Chi è con la signora Johnson?

9. Perché la signora Johnson piange?

10. Cosa dice la persona alla signora Johnson?

Como cortar o cabelo

Há semanas que eu tinha intenção de cortar o cabelo, mas de alguma forma sempre consegui adiá-lo. Mas com o **Natal** ao virar da esquina, sabia que não podia adiá-lo por mais tempo. Não queria aparecer no jantar de Natal da minha família com ar de confusão. Por isso, no início da manhã de Natal, fui para o salão. Apesar de ser cedo, o salão já estava ocupado com outras pessoas **a** arranjar o cabelo para o feriado. Tomei o meu lugar na fila e esperei pela minha vez. Finalmente, era a minha vez de estar na cadeira. A estilista, uma mulher amigável chamada Jill, perguntou-me o que eu queria. "Apenas um corte, nada demasiado drástico", respondi eu. Jill começou a trabalhar, arrancando-me o cabelo. Enquanto ela trabalhava, eu comecei a relaxar. Senti-me bem por finalmente estar a cuidar de mim. Tinha andado tão ocupada ultimamente, correndo por aí a cuidar de todos os outros, que deixei as minhas próprias necessidades cair no esquecimento. Mas **agora já** não. A partir de agora, eu ia arranjar tempo para mim.

Quando a Jill terminou, olhei para o espelho e fiquei satisfeito com o que vi. O meu cabelo parecia arrumado

Tagliarsi i capelli

Erano settimane che volevo tagliarmi i capelli, ma in qualche modo riuscivo sempre a rimandare. Ma con il **Natale** alle porte, sapevo che non potevo più rimandare. Non volevo presentarmi alla cena di Natale della mia famiglia con un aspetto trasandato. Così, la mattina presto di Natale, mi sono recata al salone. Anche se era presto, il salone era già pieno di persone che **si facevano** fare i capelli per le feste. Presi posto nella fila e aspettai il mio turno. Finalmente arrivò il mio turno sulla poltrona. La parrucchiera, una donna gentile di nome Jill, mi chiese cosa volessi. "Solo una spuntatina, niente di troppo drastico", risposi. Jill si mise al lavoro, tagliando i miei capelli. Mentre lavorava, cominciai a rilassarmi. Mi sentivo bene a prendermi finalmente cura di me stessa. Ultimamente ero stata così occupata a correre in giro per prendermi cura di tutti gli altri, che avevo lasciato cadere in secondo piano i miei bisogni. Ma **ora** non **più**. D'ora in poi avrei trovato il tempo per me stessa.

Quando Jill ha finito, mi sono guardata allo specchio e sono rimasta soddisfatta di ciò che ho visto. I miei capelli avevano un aspetto ordinato e curato, perfetto

e polido - perfeito para reuniões de férias. **Agradeci** à Jill e fiz uma nota **mental** para voltar mais vezes. A partir de agora, vou cuidar de mim primeiro e acima de tudo. Ela começou a trabalhar a arrancar-me o cabelo. Pensei em como estava grato por ter finalmente conseguido cortar o meu cabelo. Foi bom saber que eu ficaria apresentável para o **jantar de** Natal. Já não teria de me preocupar mais com a minha família a provocar-me com a minha aparência "desalinhada". Passados alguns minutos, o estilista terminou de me cortar o cabelo e deu-me um rápido secador de cabelo. Olhei-me ao espelho e fiquei contente com o que vi - um aspecto limpo que seria perfeito para a ceia de Natal. Agora que o meu corte de cabelo estava fora do caminho, pude concentrar-me em gozar as férias com a minha família. E fiquei ainda mais grato por isso.

Foi tão **libertador**, e adorei a forma como o meu novo corte de cabelo ficou. Depois de pagar pelo meu corte de cabelo, fui para casa e comecei a fazer as malas para a minha viagem. **Mal podia** esperar para mostrar o meu novo visual à minha família e amigos. Eu sabia que eles ficariam surpreendidos quando me vissem. No dia do meu voo, cheguei ao aeroporto com muito tempo de sobra. Passei pela segurança sem quaisquer problemas, e em breve estava a caminho. Assim que cheguei ao meu destino, pude sentir a excitação no ar. O Natal estava definitivamente no ar! a mais especial.

per le feste. **Ringraziai** Jill e presi **nota** di tornare più spesso. D'ora in poi mi prenderò cura di me stessa prima di tutto. Si mise al lavoro per tagliare i miei capelli. Pensai a quanto fossi grata di essermi finalmente decisa a tagliarmi i capelli. Era bello sapere che sarei stata presentabile per la **cena** di Natale. Non avrei più dovuto preoccuparmi che la mia famiglia mi prendesse in giro per il mio aspetto "trasandato". Dopo qualche minuto, la parrucchiera finì di tagliarmi i capelli e mi diede una rapida asciugata. Mi guardai allo specchio e fui felice di ciò che vedevo: un look pulito che sarebbe stato perfetto per la cena di Natale. Ora che il taglio di capelli era stato superato, potevo concentrarmi sulle vacanze con la mia famiglia. Ed ero ancora più grata per questo.

Mi sentivo così **libera** e adoravo l'aspetto del mio nuovo taglio di capelli. Dopo aver pagato il taglio, sono tornata a casa e ho iniziato a fare i bagagli per il mio viaggio. **Non** vedevo l'ora di mostrare il mio nuovo look alla mia famiglia e ai miei amici. Sapevo che sarebbero rimasti sorpresi quando mi avrebbero visto. Il giorno del volo sono arrivata all'aeroporto con molto tempo a disposizione. Ho superato i controlli di sicurezza senza problemi e presto sono partita. Non appena arrivai a destinazione, sentii l'eccitazione nell'aria. Il Natale era decisamente nell'aria!

Perguntas de compreensão

1. O que é que o protagonista precisava de fazer antes do Natal?

2. Como se sentiu a protagonista em cuidar de si própria?

3. Quem aparou o cabelo do protagonista?

4. Porque é que a família da protagonista a ia provocar?

5. Como se sentiu a protagonista depois de ter cortado o cabelo?

6. O que fez a protagonista depois de ter cortado o cabelo?

7. Qual foi a reacção da família da protagonista ao seu corte de cabelo?

8. O que fez o protagonista na véspera de Natal?

9. O que tornou a experiência do protagonista mais especial?

10. O que aconteceria se o protagonista não cortasse o cabelo?

Domande di comprensione

1. Che cosa doveva fare il protagonista prima di Natale?

2. Come si è sentita la protagonista nel prendersi cura di sé?

3. Chi ha tagliato i capelli al protagonista?

4. Perché la famiglia della protagonista la prendeva in giro?

5. Come si è sentita la protagonista dopo essersi tagliata i capelli?

6. Che cosa ha fatto la protagonista dopo essersi tagliata i capelli?

7. Qual è stata la reazione della famiglia della protagonista al suo taglio di capelli?

8. Che cosa ha fatto il protagonista la vigilia di Natale?

9. Cosa ha reso più speciale l'esperienza del protagonista?

10. Cosa succederebbe se il protagonista non si tagliasse i capelli?

O parque

O sol estava a pôr-se, e o parque estava vazio. Sentei-me no banco, à espera do meu **amigo**. Tínhamos planeado encontrar-nos aqui há uma hora atrás, mas ela chegava sempre atrasada. Quando eu estava prestes a desistir e a ir para casa, vi-a a correr na minha direcção. "Lamento imenso", ela desabou quando chegou ao banco. "O meu comboio estava **atrasado**". "Está tudo bem", disse eu **perdoadamente**. "Acabei de chegar aqui pessoalmente". Sentámo-nos e conversámos durante algum tempo, pondo em dia a vida um do outro desde a última vez que nos conhecemos. A conversa fluiu **facilmente**, e parecia que não tinha passado tempo nenhum desde a última vez que nos vimos. Quando o sol se pôs, despedimo-nos e seguimos os nossos caminhos separados. A próxima vez que nos encontrámos, foi num parque diferente. Mais uma vez, ela estava atrasada, mas não me importei. Foi bom ter alguém com quem falar e que me **compreendesse.** Falámos sobre os nossos sonhos e **aspirações**, coisas que queríamos fazer com as nossas vidas. Ela falou-me dos seus planos para viajar pelo mundo, e eu partilhei o meu sonho de me tornar escritor. Quando o sol se pôs noutro dia, despedimo-nos mais uma vez, prometendo manter-nos em contacto desta vez.

Il parco

Il sole stava tramontando e il parco era vuoto. Mi sedetti sulla panchina ad aspettare la mia **amica**. Avevamo programmato di incontrarci qui un'ora fa, ma lei era sempre in ritardo. Proprio quando stavo per arrendermi e tornare a casa, la vidi correre verso di me. "Mi dispiace tanto", ansimò quando raggiunse la panchina. "Il mio treno è **in ritardo**". "Non c'è problema", dissi **con indulgenza**. "Sono appena arrivato anch'io". Ci siamo seduti e abbiamo chiacchierato per un po', aggiornandoci sulle nostre vite dall'ultima volta che ci siamo visti. La conversazione è fluita **facilmente** e ci è sembrato che non fosse passato affatto del tempo dall'ultima volta che ci siamo visti. Al tramonto ci siamo salutati e abbiamo preso strade diverse. La volta successiva ci incontrammo in un altro parco. Anche in questo caso era in ritardo, ma non mi dispiaceva. Era bello avere qualcuno con cui parlare che mi **capisse**. Parlammo dei nostri sogni e delle nostre **aspirazioni**, delle cose che volevamo fare nella nostra vita. Lei mi parlò dei suoi progetti di viaggiare per il mondo e io le confidai il mio sogno di diventare scrittrice. Al tramonto di un altro giorno, ci siamo salutate ancora una volta, promettendo di tenerci in contatto questa volta.

Gli anni sono passati e la nostra **amicizia** è rimasta

Os anos passaram, e a nossa **amizade** permaneceu forte, apesar de vivermos agora em diferentes partes do país. Mantivemo-nos em contacto através de cartas e telefonemas ocasionais, partilhando notícias das nossas vidas uns com os outros. Quando ela anunciou que ia casar, não me **surpreendeu** - ela tinha sido sempre do tipo **aventureiro.** Mas quando ela me perguntou se eu seria a sua dama de honra na cerimónia do seu casamento que se realizava a meio mundo de onde eu vivia...isso levou algum convencimento! No final, embora não pudesse deixar a minha melhor amiga casar sem mim ao seu lado, apesar dos meus receios (e depois de muito suplicar-lhe!)**concordei** em alinhar no que acabou por ser a **aventura** de uma vida.

O dia do **casamento** chegou finalmente. Eu estava nervoso, mas entusiasmado por fazer parte de um momento tão importante na vida do meu amigo. A cerimónia foi linda, e ela parecia feliz ao dizer os seus votos. **Depois**, celebrámos com uma grande festa - parecia que todos os que ela conhecia tinham vindo para celebrar com ela! Foi um dia **mágico** que nunca esquecerá, e a nossa amizade só se tornou mais forte depois dessa aventura. Agora, anos mais tarde, ainda nos mantemos em contacto. Ambos **mudámos** muito desde o nosso primeiro encontro, mas a nossa amizade é tão forte como sempre.

forte, anche se ora viviamo in zone diverse del Paese. Ci siamo tenute in contatto tramite lettere e telefonate occasionali, condividendo le notizie della nostra vita. Quando annunciò che si sarebbe sposata, non ne fui **sorpreso**: era sempre stata un tipo **avventuroso**. Ma quando mi ha chiesto di farle da damigella d'onore alla cerimonia di matrimonio che si sarebbe svolta a metà strada dal luogo in cui vivevo... c'è voluto un po' per convincerla! Alla fine, però, non potevo permettere che la mia migliore amica si sposasse senza di me al suo fianco, così, nonostante le mie paure (e dopo molte suppliche da parte sua!), ho **accettato** di partecipare a quella che si è rivelata l'**avventura** di una vita.

Finalmente è arrivato il giorno del **matrimonio**. Ero nervosa, ma entusiasta di partecipare a un momento così importante della vita della mia amica. La cerimonia è stata bellissima e lei sembrava felice mentre pronunciava le sue promesse. **Dopo**, abbiamo festeggiato con una grande festa: sembrava che tutti i suoi conoscenti fossero venuti a festeggiare con lei! È stato un giorno **magico** che non dimenticherò mai, e la nostra amicizia si è rafforzata dopo quell'avventura. Ora, a distanza di anni, ci teniamo ancora in contatto. Siamo **cambiate** molto da quando ci siamo conosciute, ma la nostra amicizia è più forte che mai.

Perguntas de compreensão

1. Onde é que a autora e a sua amiga se encontraram pela primeira vez?

2. Porque é que o amigo do autor se atrasou para a sua reunião?

3. De que falaram os amigos quando se voltaram a encontrar anos mais tarde?

4. Como é que a autora se sentiu ao assistir à cerimónia de casamento da sua amiga?

5. Descrever o cenário da cerimónia de casamento.

6. Como é que a amizade entre as duas mulheres mudou com o tempo?

7. Qual é o sonho do autor?

8. Onde planeia o amigo do autor viajar?

9. Porque é que a autora hesitou em assistir à cerimónia de casamento da sua amiga?

Domande di comprensione

1. Dove si sono incontrati per la prima volta l'autrice e la sua amica?

2. Perché l'amico dell'autore è arrivato in ritardo all'incontro?

3. Di che cosa hanno parlato gli amici quando si sono rivisti anni dopo?

4. Come si è sentita l'autrice ad assistere alla cerimonia di matrimonio della sua amica?

5. Descrivete l'ambientazione della cerimonia nuziale.

6. Come è cambiata l'amicizia tra le due donne nel corso del tempo?

7. Qual è il sogno dell'autore?

8. Dove intende viaggiare l'amico dell'autore?

9. Perché l'autrice esitava a partecipare alla cerimonia di matrimonio della sua amica?

www.ingramcontent.com/pod-product-compliance
Lightning Source LLC
LaVergne TN
LVHW010604160826
845677LV00013B/3229

* 9 7 9 8 8 4 6 2 5 0 1 7 8 *